# À la rencontre d'une médium spiritualiste

Bernadette Klein

# À la rencontre d'une médium spiritualiste

## Une médiumnité lumineuse qui renverse les usages

Symbiose Éditions

Photo de couverture :

S.L Breitling

ISBN : 9782359020700

## Voyage au cœur de ma médiumnité !

Le chemin d'éveil est magique.

Il vous porte à bout de bras vers ce qui est votre destinée.

Votre moi profond sait que votre chemin est éclairé par le divin.

Tout est juste, tout est parfait.

Laissez-vous surprendre par la magie de la vie qui vous donne toutes les richesses pour progresser sur le chemin vers soi.

La lumière brille dans vos cœurs, ne doutez pas.

Soyez en confiance avec la joie qui vous anime, une fabuleuse découverte de vos richesses intérieures.

Le temps vous est donné pour cette magnifique réalisation.

Prenez grandement soin de vous et partagez votre joie et votre amour à quiconque en a besoin.

Le partage et l'amour sont des richesses, des trésors inestimables.

Prenez et redonnez, ainsi va la vie, ainsi va la générosité pour une extraordinaire aventure, le temps d'un instant, sur ce chemin qui est le vôtre.

# INTRODUCTION

Par le Docteur Jean-Claude LLEU, anesthésiste-réanimateur et hypnothérapeute à Strasbourg.

D'aucuns disent qu'il n'y a pas de hasard, peut-être ont-ils raison ! Tant la confrontation de mon référentiel cartésien et scientifique a été inspiré et éclairé par celui, tout autre, dans lequel baignait Bernadette. C'est la première fois que ma raison se frottait à une intelligence totalement émotionnelle.

Créative et inspirée, Bernadette ne faisait confiance qu'à son ressenti et à sa clairvoyance. Elle avait bénéficié d'une solide et exigeante formation au collège Arthur Findlay à Stansted, en Angleterre, sous la houlette de formateurs rigoureux qui ont patiemment guidé ses dons indéniables sur un chemin de plus en plus ardu de précision. Imposant des preuves de plus en plus pointues et circonstanciées. Chemin faisant, ses flashs se sont progressivement affinés et ciselés, ses contacts sont ainsi devenus avec le temps tellement précis que le public en était abasourdi et qu'ils étaient régulièrement sanctionnés d'un simple et concis « well done » par des professeurs avares de compliments.

J'ai aussi compris, en observant attentivement sa pratique, que la médiumnité s'exprimait parfois sous la forme d'une clairvoyance, tantôt de clairaudience ou de clair ressenti. Il est indéniable que la médiumnité appartient clairement aux états modifiés de conscience, très comparables dans la forme à un état de transe hypnotique montrant parfois même des modifications physionomiques du sujet et des transformations de timbre et de texture de la voix. J'ai eu le bonheur d'assister, lors d'une « master class » d'une semaine organisée en Californie avec le merveilleux Ernest Rossi, dernier élève vivant du maître incontesté de l'hypnose Milton Erickson, à une inoubliable et fracassante séance de transe conjointe entre Bernadette et Ernest qui restera à jamais gravée dans la mémoire de tous les témoins de cette expérience. Jamais jusqu'à ce jour je n'avais assisté à une telle fusion d'âmes.



Par ailleurs, il m'est arrivé d'être témoin, lors d'un contact, de voir Bernadette s'exprimer dans une langue qu'elle ne connaissait pas, en vietnamien précisément, mais parfaitement intelligible pour les personnes concernées par ce contact, présentes dans une assistance totalement ébahie.

La médiumnité est, tel un joyau brut, constituée d'un agglomérat d'informations qui serait sublimé par la taille, c'est à dire par une juste interprétation des signes et des images, à la manière dont on déchiffre un rébus ou des hiéroglyphes.

Le processus consiste donc à colliger des informations puis à les interpréter afin qu'elles fassent sens pour celui ou celle auquel elles sont destinées en finalité.

Il ne suffit donc pas d'être dépositaire d'un don, encore faut-il au terme d'une solide et rigoureuse formation être capable de délivrer des informations exploitables par la cible. C'est là tout l'art de ce domaine qui en est encore à ses balbutiements d'études scientifiques ouvertes.

En effet, il est maintenant établi que la médiumnité a été étudiée sérieusement, mais surtout dans le domaine du renseignement par toutes les grandes agences de renseignements des grandes puissances, notamment durant la période de la guerre froide, ce qui rend par essence leurs travaux classifiés et secrets.



Gageons donc que certains en savent plus qu'on le pense dans ce pointilleux domaine. Dans certains cas, notamment de disparition de personnes, la police et la gendarmerie ont déjà eu recours de manière informelle aux services volontaires de médiums.

Le commun des mortels appréhende le monde essentiellement par le biais de ses sens, desquels il collige des informations factuelles puis après un temps d'analyse, il se construit une interprétation singulière du monde. Notre vision du monde est donc intimement liée à la qualité des informations délivrées par nos sens. Le monde perçu dans le cadre d'une cécité est-il moins pertinent que celui des voyants ?

Nos perceptions sont-elles les mêmes entre tous les individus ? À l'évidence non, puisqu'il y a des aveugles et des sourds qui ne sont pourtant pas exempts d'une interprétation du monde. Il est établi et admis qu'une carence d'informations dans un domaine est couramment compensée par un développement supérieur de l'acuité dans d'autres domaines, ainsi la kinesthésie est souvent sublimée par la cécité. Ne peut-on donc envisager que nous ne soyons pas égaux en perception ? Et peut-on envisager que si certains sont déficients dans certains domaines de perception d'autres puissent en être suréquipés ?



En effet, ce n'est pas parce que je n'entends pas les infrasons que mon chien entend, que ces sons là n'existent pas !

Postulons comme hypothèse que certains sujets (les médiums) bénéficient d'expériences sensorielles plus fines et plus étendues qui leur donnent un accès à des informations inaccessibles à la plupart d'entre nous. Ce sont, en fait, des récepteurs particulièrement doués.

Cela étant dit, se pose le problème de l'émission des données. D'où proviennent ces informations ? Là, nous abordons un domaine qui donne lieu à toutes sortes d'interprétations qui confinent toutes au champ des croyances. Nombreux sont ceux qui pensent qu'interviennent des anges ou des guides protecteurs, âmes évoluées chargées d'éclairer et guider les vivants sur la voie d'une plus grande spiritualité.

D'autres plus rares, pensent qu'il s'agit, comme le suggère la physique quantique, de portes entrouvertes et perméables entre plusieurs univers ou réalités parallèles. C'est cet aspect qui est probablement gardé le plus secret parmi les travaux scientifiques qui ont étudié sérieusement ces phénomènes. Les contacts réalisés avec les défunts sont particulièrement passionnants, tant ils sont précis sur les circonstances rapportées du décès. Ces contacts donnent également lieu souvent à d'étonnantes transformations physiono- miques du médium contacté, afin de mimer au mieux le défunt. Ces circonstances sont particulièrement spectaculaires pour l'assistance et très éprouvantes pour le médium.



La médiumnité exige un solide lâcher-prise et une résistance scrupuleuse à toute mentalisation des données enregistrées. Ce qui a été donné est toujours vrai et solide. L'ennemi et la source la plus fréquente d'erreurs sont liés à la mentalisation des données reçues donnant lieu à une interprétation hasardeuse et erronée par le médium, notamment dans le domaine de la clairvoyance.

Vous l'aurez compris, le public qui consulte les médiums est une population d'individus particulièrement fragilisés par la peine et la perte d'un être cher. Cela impose donc un cadre éthique solide à l'exercice de la médiumnité.

L'éthique de la pratique de la médiumnité s'appuie tout d'abord sur une longue formation rigoureuse et exigeante, elle s'exerce ensuite dans un cadre empathique sincère où l'objectif essentiel, comme dans toute pratique thérapeutique, est de ne nuire en aucun cas au sujet, « primum non nocere ». Enfin il est hors de question d'intervenir en dehors du cadre d'une demande clairement formulée. On ne délivre pas de messages à des personnes qui n'ont rien demandé, ou pire, qui ne veulent rien savoir.

Pour toutes les raisons précédemment évoquées, toute personne qui s'intéresse à ce sujet, trouvera dans cet ouvrage le guide idéal propre à l'accompagner dans la découverte de ce domaine passionnant afin de se l'approprier progressivement.



Bernadette a beaucoup travaillé afin d'affiner sa pratique, son cheminement a été long et souvent douloureux, empreint de doutes et de parfois durables périodes de désespoir et de découragement. Ce chemin n'a pas été semé de pétales de roses, elle l'a parcouru plus souvent en s'écorchant sur les épines qu'en foulant les doux pétales. Mais à force de ténacité et de volonté, elle a réussi contre vents et marées à préserver la pureté et l'honnêteté de sa pratique. Saisissez donc sa main et laissez-vous guider gentiment au fil des pages, à la découverte d'un monde nouveau pour vous et suivez un parcours hors du commun.

Docteur Jean-Claude LLEU

# Destination : Stansted, Angleterre, collège Arthur Findlay

Le départ pour mon second voyage à destination de Stansted n'a pas été de tout repos. Il prend une dimension différente, plus chaotique pour arriver au collège Arthur Findlay que mon voyage précédent.

Presque six heures de retard, assise dans cet aéroport de campagne, je suis bloquée dans un hall sans pouvoir en sortir, car l'embarquement peut se faire à tout moment, nous annonce l'hôtesse. Après quatre heures d'attente, nous apprenons qu'un avion est parti pour Madrid récupérer une pièce en remplacement d'une autre défectueuse de l'avion que nous devions prendre. C'est alors que je fais la connaissance de deux jeunes adolescents. Nous papotons pour faire passer le temps.



Nous embarquons enfin et nous nous retrouvons dans la même rangée. Je me souviens, mon regard plongé dans le bleu profond de la Manche, qu'un flash arrive concernant un des deux jeunes hommes. Je lui dis qu'il allait poursuivre des études dans la finance et s'intéresser de près à la politique. Je lui donne l'information et, très surpris, il me répond que son désir effectivement est de faire des études l'emmenant vers ce monde qui l'intéresse fortement. Nous échangeons nos coordonnées (mon flash s'est avéré exact quelques années après en le découvrant sur le petit écran).

Une fois l'avion posé, je poursuis mon chemin dans cette magnifique campagne anglaise que j'aime tant.

J'arrive donc en retard, un peu stressée, mais soulagée, car je connais déjà le lieu et le groupe de personnes avec lesquelles je vais être. J'avais désiré travailler avec Mavis Pittilla pour son charisme, ses connaissances médiumniques et la maîtrise de son enseignement, mais on apprend sur place qu'elle n'est pas là pour cause de problème de santé. Déçue, je choisis un autre professeur qui était très bien, mais qui ne correspondait pas à ce que j'avais souhaité. Je me fais une raison et très vite, je comprends que je suis venue pour apprendre à enseigner.



Me voici à nouveau dans cette salle de cours bleue que je connais bien avec le portrait d'Arthur Findlay, accroché au-dessus de la cheminée. Son regard vous surveille, et sa présence est puissante, on dirait qu'à tout moment il se manifeste et se matérialise devant vous.

Arthur Findlay était écrivain et spiritualiste. En 1920, il avait souhaité qu'un jour cet endroit, Stansted Hall de son vrai nom, devienne un lieu d'étude, de formation pour les médiums, et serve aussi à l'avancement des sciences parapsychologiques. Cet homme a consacré une grande partie de sa vie à l'étude de la vie et la mort.

Le collège a été bâti en 1871 et fut d'abord un domaine familial avant qu'il ne le lègue à la Spiritual Nation Union (la SNU) en 1964 pour devenir un collège de renom. On peut lire sur la plaque à l'entrée du collège : Arthur Findlay College - Stansted - The World's foremost College for the advancement of Psychic Science. (Arthur Findlay Collège - Stansted - Le premier collège au monde pour l'avancement de la science psychique.)

Lors de mes cours, viennent à moi des informations que j'entends de la part de mon guide. Je me promène longuement dans les allées verdoyantes du collège, ce qui permet à mon esprit de voyager et d'entendre toujours et encore les informations qui me sont données. Par moment, je sèche les cours, car ces instants sont si forts et précieux que je ne veux pas être perturbée par qui que ce soit. Je m'installe près de l'arbre-tulipe, entourée par des centaines de fleurs, des roses, des lilas, embaumant mes narines d'un parfum divin. Cet arbre est mythique au collège, et devant lui, on aperçoit distinctement les contours d'un homme vêtu à la mode du 18e siècle.

Cela me fait penser à une anecdote évoquée dans mon premier livre *Révélations et confidences d'une médium*. Un soir, au milieu de la nuit, je me réveillais car je sentais comme une lourdeur sur mes jambes. J'ouvris les yeux et vis Sir Arthur Findlay en personne, assis sur mon lit. Bien évidemment, à l'époque, je ne savais pas qui il était. Je me souviens encore lorsqu'il se tourna vers moi pour me dire : « Tu auras ta place au collège. La réponse te sera donnée demain et tu seras dans ma salle de classe. »

— « Mais qui êtes-vous ? » lui demandais-je.

Il me regarda avec bienveillance, me sourit et disparut.

Le lendemain matin, je reçus effectivement un email du collège disant qu'une place s'était libérée, alors que la session était déjà complète et que mon inscription était validée.



Je comprends que cette semaine sera très différente et j'ai ce sentiment aussi qu'émotionnellement, cela ne sera pas simple. Je vais avoir un bon nombre de prises de conscience durant ces jours d'expériences. Je ne suis pas allée au collège pour apprendre à devenir médium, car je suis née ainsi. Très vite, mes professeurs se sont aperçus de mes capacités, de mon fort potentiel, ancré depuis toujours. J'ai simplement dû apprendre à canaliser, à cadrer ma médiumnité et à lire les messages que je recevais différemment. Ce qui n'est pas chose facile.

Plus nous travaillons sur nous-mêmes et plus nos capacités médiumniques se développent, cela va de soi. Le collège nous apprend aussi à prendre en compte notre propre esprit, notre âme, et d'opérer un retour à soi.

Nous avons tous besoin de travailler sur nous-mêmes, d'explorer notre partie lumineuse, mais aussi nos ombres. Cet enseignement va au-delà du simple apprentissage de différents outils, que je possédais déjà. Mes capacités ont grandi aussi grâce à mon cheminement spirituel, avec une vie plutôt intériorisée faite de beaucoup de questionnements.

Les enseignements nous aident à comprendre la vie, mais aussi la mort. Cela a profondément changé ma perception de la vie. Le collège nous enseigne la médiumnité, mais aussi ce qu'est le spiritualisme.

## La naissance du spiritualisme



Aux États-Unis, à Hydesville, près de la ville de Rochester dans l'État de New York, vivaient deux sœurs, Kate et Maggie ou Margaret, filles d'un pasteur américain. Dans la nuit du 31 mars 1848, elles furent réveillées par des coups dans la maison sans origine apparente. Elles établirent, pour la toute première fois, une conversation par coups frappés avec un certain monsieur Splitfoot, décédé. « Frappe une fois pour oui, deux fois pour non. » Puis, elles inventèrent un langage alphabétique assez compliqué pour continuer à communiquer.

Par la suite, cet évènement fut confirmé par leur grande sœur Leah. C'est ainsi que la diffusion de la médiumnité a commencé, car leur récit prit une ampleur inattendue et inédite qui contribua à l'émergence du phénomène du spiritisme aux États-Unis. On apprendra plus tard que tout cela n'était qu'une invention des deux sœurs, bien qu'il ait été prouvé, suite à de nombreuses recherches par des spiritualistes, que l'histoire n'était pas tout à fait celle que l'on avait entendue.

« L'histoire des événements de Hydesville, telle qu'elle a été racontée sur une période d'environ cinq ans par les personnes qui ont été témoins et qui ont participé aux évènements de première main, est sans aucun doute une grande démonstration de communication directe avec les esprits. Bon nombre de personnes célèbrent aujourd'hui encore cet évènement. »



En effet, le collège Arthur Findlay dispose d'un musée et d'une bibliothèque dédiés à l'histoire du spiritualisme, avec de nombreux artefacts en lien avec l'histoire de la SNU, dont il fait partie, ainsi qu'une impressionnante collection de littérature historique, consultable par les étudiants et les visiteurs.

Fin 19e, début 1900, le mouvement se répand en Angleterre, en France et aux États-Unis évidemment. Des milliers de médiums à travers le monde déclarent communiquer avec l'au-delà.

Cela commence avec les tables tournantes, vous savez ces petites tables rondes que l'on nomme guéridons, puis avec de la médiumnité de scène, etc. Je m'y suis frottée par deux fois. Ma première expérience fut avec le médium Tony Stockwell que j'apprécie énormément et qui est un professeur remarquable. Il nous a fait découvrir un tas d'outils pour des expériences toutes différentes et plutôt atypiques. Je me vois encore dans cette salle de cours où nous nous préparions à faire bouger un guéridon pour l'emmener d'un bout à l'autre de la pièce. Jamais je n'aurais imaginé voir cela, même d'y croire avant que je ne l'expérimente. En revanche, ma seconde expérience, quelques années plus tard, fut la dernière, car elle a pris une toute autre tournure !

Je nous vois encore apposer nos mains et coller nos petits doigts les uns contre les autres sur la table. Très vite, un esprit s'est manifesté. Nous avons commencé par lui poser des questions et à notre grande surprise, il nous a répondu d'une drôle de façon, en faisant claquer plusieurs fois la porte-fenêtre de mon salon. Nous avons compris très vite que nous n'étions pas en bonne compagnie et que probablement nous l'avions plutôt dérangé. Nous avons alors écourté cette séance. Je sentais encore, quelques jours après cette désagréable aventure, une énergie qui me dérangeait dans la pièce, comme si l'on me poursuivait.



Je ne donne pas suite et pouvoir à ce genre de manifestation, mais je ne vous conseille pas non plus de vous amuser avec des planches de *Ouija*, comme le font certaines personnes, c'est à vos risques et périls.

Revenons à l'histoire de l'invasion de la médiumnité...

Par la suite, se forme le mouvement du spiritisme chez les Français avec Allan Kardec, rejoint bien plus tard par Victor Hugo et d'autres nombreuses personnalités, telles que Théophile Gautier, Victorien Sardou, Jean-Baptiste André Godin, Camille Flammarion ou encore Arthur Conan Doyle, tous séduits par cette nouvelle pratique.

Allan Kardec fut le premier à la codifier et à en tirer une doctrine cohérente. Le spiritisme était né ! Mettant l'accent sur le progrès moral de l'âme grâce à la réincarnation. À savoir que Kardec n'était pas un médium mais uniquement un expérimentateur, organisateur et transcripteur. Lors des séances de spiritisme, il posait des questions aux esprits avec l'aide de nombreux médiums différents. Par ces communications, les esprits lui ont fourni les éléments de base de la philosophie spirite qu'il a contrôlée, ordonnée et consignée. Vous pouvez voir à ce propos un magnifique film documentaire dans lequel j'ai participé qui s'intitule *Allan Kardec, une vie avec les esprits.* (Réalisateur David Frescinaux, INREES TV.)



Chez les Anglo-Saxons le spiritualisme fait son apparition...

Fin 1800, des églises naissent sous la forme d'associations. Avec le temps, elles prennent le nom de la Spiritual National Union ou la SNU.

Emma Hardinge Britten (1823 -1899) était une oratrice et une médium très douée, qui fréquentait les cercles spiritualistes de l'époque. C'est au cours de ses nombreux discours, en état de transe, que les « communicateurs spirituels » ont prononcé diverses déclarations de foi. Cela a abouti à la création des sept principes du spiritualisme moderne, d'où sont nées les églises spiritualistes au Royaume-Uni. La religion spiritualiste émerge alors et devient officielle, elle est reconnue par l'Angleterre, considérée comme une science par les spiritualistes et encadrée par la SNU.

On peut lire sur leur emblème que l'on retrouve un peu partout : *« Light - Nature- Truth »* (Lumière - Nature - Vérité).

Pour les spiritualistes, l'âme est immortelle. Leur doctrine est la survie de l'âme après notre mort terrestre. Contrairement au spiritisme, la SNU ne reconnait pas la réincarnation.



Le principe est de se réunir lors de cercles et de parler à des esprits de personnes décédées qui sont dans le monde spirituel. Petite parenthèse, il est très difficile en tant que francophone d'adhérer à ce mouvement. C'est le président de la SNU qui valide votre entrée après de nombreuses questions et observations. J'ai été ce que l'on appelle un adhérent *« Member of Spiritualists's National Union »*. J'ai quitté la SNU quelques années après, car je n'étais pas complètement en accord avec leurs principes.

L'adhérent spiritualiste reconnait et prend donc en compte les sept principes suivants :

- La paternité de Dieu.
- La fraternité des hommes.
- La communion des esprits et le ministère des anges.
- L'existence continue de l'âme humaine.
- La responsabilité personnelle.
- La compensation et la rétribution dans l'au-delà pour toutes les bonnes et mauvaises actions commises sur Terre.
- Le progrès éternel ouvert à toute âme humaine.



À l'époque où je fréquentais le collège, nous ne pouvions ni évoquer la réincarnation, ni parler des anges et de bien d'autres choses encore. J'aime être un neutron libre, je me sens malgré cela spiritualiste dans l'âme. Au-delà de ces sept principes, le spiritualisme s'est construit sur trois piliers fondamentaux. Il se revendique comme une religion, une philosophie, mais aussi une science.

Ce qui différencie la religion spiritualiste des autres religions est qu'elle n'est pas basée sur une foi, mais sur des preuves. Le spiritualisme moderne se sert donc de la médiumnité, en communiquant avec les esprits des défunts, pour apporter des preuves qui soutiennent leur philosophie.

Toujours et encore leur devise est : Prouver la survie de l'âme après notre mort terrestre. Voici ce que leurs statuts énoncent :

« Nous croyons en une intelligence infinie. Nous croyons que les phénomènes naturels, qu'ils soient physiques ou spirituels, sont l'expression de l'intelligence infinie. Nous affirmons que la compréhension correcte de cette expression et la vie en accord avec cette compréhension constituent la véritable religion. Nous affirmons que l'existence et l'identité des individus se maintiennent après le tournant de la mort. Nous affirmons que la communication avec ce que l'on appelle les morts est un fait, qui a pu être scientifiquement prouvé par les phénomènes du spiritisme. »

Lors d'un de mes voyages aux États-Unis, j'ai été sans le savoir sur les traces des spiritualistes, non loin du centre Lily Dale, qui est le plus grand centre spiritualiste du pays. Il y régnait une atmosphère particulière. Une impression de déjà-vu. Ce qui est très étrange, quelques mois auparavant, j'étais assise dans mon salon en train de méditer, et j'ai subitement été projetée dans ce lieu que je ne connaissais pas. Comme si les images que j'apercevais étaient réelles. Une médium et enseignante séjournait chez moi à cette époque, car nous étions en séminaire. Je lui expliquai ce que je venais de voir, persuadée que j'avais déjà eu une vie à New York. D'ailleurs, une partie de ma famille lointaine, que j'ai perdue de vue y séjourne encore. Cette attirance est si juste et résonne fortement en moi.

C'est ma visite à Salem, une ville située sur la côte nord du Massachusetts, au-dessus de Boston, qui m'a le plus marquée. Toute une série « d'emmerdements » ont été placés sur ma route avant de pouvoir accéder à Salem et visiter ce lieu mythique et effrayant à la fois. Comme si je ne devais pas m'y rendre. Trois jours avant cette visite, je sentais déjà dans l'invisible quelque chose d'électrique.

Ma détermination a été plus grande malgré tous les désagréments. J'ai senti descendre sur moi, comme un voile de protection, et en même temps, une tempête violente tournoyait autour de mon énergie, qui me mettait à mal. L'agacement des personnes qui m'accompagnaient était très palpable, l'atmosphère était très tendue entre nous tous. Très vite, sans le savoir, je trouve la « Witch House », cette fameuse maison des sorcières de Salem et résidence de l'impitoyable juge Jonathan Corwin, un des juges du procès. C'est le seul bâtiment de la ville à témoigner directement des procès des sorcières, en 1692, qui entraîna l'exécution de plusieurs habitants, accusés de pratiquer la sorcellerie. Cette petite bourgade du Massachusetts a été le théâtre de l'un des épisodes les plus terribles de l'histoire de la Nouvelle-Angleterre : entre 150 et 300 personnes ont été accusées de sorcellerie, dont 20 furent exécutées. Bien évidemment, après avoir visité la ville des sorcières, je ne pouvais pas repartir de cet endroit sans emporter avec moi un jeu de tarot et une fameuse boule de cristal. En visitant l'État du Massachusetts et surtout la péninsule de Cap Cod, ainsi que le Maine, il me serait presque naturel d'y vivre. Sans oublier tous les endroits où l'on peut se recueillir, et partager spirituellement, comme dans les camps de spiritualistes que l'on trouve un peu partout en Amérique. Camp est un peu péjoratif comme nom d'endroit, mais cela signifie campement et entrainement. Un ami, enseignant et artiste médium, Colin Hall, a acheté une maison au Camp Etna. Ce camp a été fondé il y a plus de 135 ans en tant que camp de rencontre spiritualiste. Une communauté de 11 hectares à Etna, dans le Maine. Aujourd'hui, des personnes continuent de perpétuer la tradition.



Au fil des ans, bon nombre de médiums, de guérisseurs et d'autres personnes talentueuses ont continuellement travaillé pour apporter à tous compréhension et harmonie spirituelles.

Les chalets du camp s'articulent autour d'un jardin commun. Le camp propose des activités durant les mois d'été, et les personnes de tous horizons spirituels sont invitées à participer aux programmes, cours et ateliers. Pour une belle détente, vous pouvez visiter les différents terrains de guérison, vous détendre sur le porche ou vous promener dans les bois jusqu'à l'étang de l'Etna. C'est une option de vacances merveilleusement curative pour ceux qui cherchent à se reconnecter spirituellement dans un cadre naturel. Colin m'y a invité.

Je vous laisse découvrir son récit :

*« Le spiritualisme a commencé il y a plus de cent ans en Amérique, et il y a encore une centaine de camps en Amérique, composés de maisons et d'églises. Certains ont fermé et d'autres fonctionnent uniquement de manière saisonnière.*

*Cassadaga est le plus ancien camp spirituel du Sud. Son nom camp provient du lac Cassadaga où se trouve Lily Dale dans l'État de New York. Les camps Cassadaga, Lily Dale et Chesterfield restent les trois camps spirituels les plus importants des États-Unis. Bien qu'il reste un certain nombre d'autres camps comme celui où j'exerce, le camp Etna dans le Maine rural.*



*Au début, il y avait beaucoup de camps chrétiens et mormons, puis de nouvelles informations sont arrivées, une nouvelle ère est née avec l'anthroposophe Rudolph Steiner et Helena Blavatsky qui était une occultiste, cofondatrice de la société théosophique et théoricienne de la théosophie moderne, doctrine religieuse ésotérique. Les Suisses et les Allemands sont arrivés, apportant avec eux les sociétés anthroposophiques et théosophiques. Les camps sont devenus à ce moment-là très populaires. Lors de la guerre, leur popularité a diminué, mais a retrouvé un nouvel essor aujourd'hui. Le camp a un grand succès, il est toujours plein. J'y étais très occupé et j'y faisais beaucoup « d'open circles ». Dans les open circles, les personnes payent afin de recevoir un message d'une durée d'environ dix minutes chacun. Il y a beaucoup de services dans les églises là-bas, des discours et des démonstrations sur des sujets comme la guérison, par exemple.*

*J'ai ensuite rejoint un groupe de méditation à Manchester qui s'occupait de l'introduction à la méditation et au spiritualisme.*

*Il s'est passé un an environ avant que je passe dans le groupe des avancés. C'est à ce moment-là que j'ai commencé à voir des images pendant ma méditation. Un jour, je me suis dit que ce serait bien que je dessine toutes ces images. Bien entendu, je ne savais absolument pas dessiner. Je dis souvent que l'art psychique, c'est comme dessiner un rêve. C'est très spécial et différent car tout vient uniquement de ma pensée. Personne dans les cercles ne faisait ça à cette époque. Personne pour me donner des cours.*



*J'ai continué à pratiquer longtemps, et j'ai même pensé à abandonner plusieurs fois parce que je pensais que cela ne me mènerait nulle part.*

*Puis j'ai vu que mon art a commencé à changer et j'ai continué. J'ai réussi à me frayer un chemin et à me rapprocher des gens spirituels qui m'ont aidé et encouragé à faire grandir mon art. J'ai commencé à travailler comme médium à l'église et j'ai vu que ma médiumnité évoluait, ainsi que mon art. J'ai eu alors de l'aide du monde spirituel. À travers l'art, je devenais de plus en plus conscient, des esprits de la Terre se sont manifestés, puis les esprits de l'eau et leurs énergies, puis les anges du feu, et ensuite les anges de l'air.*

*Quand ces différents mondes sont venus à moi, ces anges m'ont expliqué leur monde, et les quatre différents éléments. J'apprends et je reçois encore aujourd'hui des explications, tout en continuant à pratiquer. Lorsque j'envoie de la lumière vers le monde spirituel, c'est comme si les anges et les esprits de la nature voyaient cette lumière, et ils se connectent à moi. C'est comme cela que toutes les informations me sont venues.*

*La chose la plus importante pour mon développement a été dans les églises, notamment avec les open circles. Cela m'a beaucoup aidé d'oser me lever devant toutes ces personnes pour leur donner des messages. Au début, j'étais très timide et cela a pris beaucoup de temps, car j'avais énormément de doutes. Il m'a fallu cinq ans avant d'avoir une réelle confiance en moi pour donner les messages aux gens. La confiance est une partie très importante dans la médiumnité. La médiumnité et l'art se ressemblent car il faut visualiser les dessins.*

*Ma rencontre avec Bernadette a été très atypique. Cela s'est passé par hasard sur Facebook, elle m'a contacté car elle était intéressée par des cartes. J'ai d'abord confondu Bernadette avec une dame que j'avais rencontrée lors d'un groupe de travail.*

*Aujourd'hui je peux dire que nous étions faits pour nous connaître ! J'ai adoré rencontrer Bernadette. Cela fut une joie et un réel plaisir durant le séjour que nous avons passé ensemble.*

*Le message que j'aimerais faire passer est que le spiritualisme est une belle religion. Il est important de comprendre le monde spirituel et les âmes, et d'ouvrir sa curiosité.*

*En ce moment, nous rencontrons beaucoup de problèmes dans le monde, comme l'argent, le travail, etc. Il y a beaucoup de changements. Beaucoup de gens ont perdu leurs chemins ou se sont égarés, car ils ne se sentent plus en lien avec la religion. Ils ne vont plus à l'église à cause de toutes ces histoires perverses qu'elle a faites. Aujourd'hui les gens prennent conscience, via les réseaux, des changements à opérer sur eux-mêmes. J'appelle cela « un réveil de l'âme ». L'art médiumnique aide à comprendre et à se connecter au monde spirituel qui nous entoure.*

*Il y a deux types d'énergies : le mal et le bien. Les problèmes des gens viennent aussi beaucoup à cause de la fatigue, des problèmes dits « mentaux », de la dépression, ce qui amène beaucoup de monde à consommer des médicaments et des drogues.*



*Beaucoup de gens deviennent des zombies. Nous n'avons pas le choix de vivre les changements, mais ce qui est bien c'est que les réseaux nous aident à communiquer et à partager. Beaucoup de gens marchent encore avec des œillères et ils devraient comprendre et s'intéresser à leur propre chemin spirituel. Une fois qu'ils l'auront trouvé, ils auront alors le sentiment de se sentir mieux et plus équilibrés dans leurs vies. »*

Colin Hall, artiste médium spiritualiste

Il y a tant d'autres lieux magiques, comme en Angleterre, la ville de Glastonbury, dont la fameuse colline, aujourd'hui considérée comme l'un des lieux les plus mystérieux d'Europe. Son abbaye ainsi que les jardins somptueux du « Chalice Well », et sa source. Le Chalice Well, aussi appelé le Red Spring (*la Source Rouge*) ou le Blood Spring (*la Source Ensanglantée*) est situé entre Chalice Hill et Glastonbury Tor, dans le Somerset. Le lieu est géré par une organisation caritative, la Chalice Well Trust, fondée en 1959 par Wellesley Tudor Pole. Cet homme souhaitait que ce lieu devienne un endroit sacré ouvert au public, et à quiconque serait en quête d'un lieu de réflexion, de guérison et de paix. Chalice Well est un endroit où de nombreuses traditions se mélangent depuis des siècles : les traditions druidiques, celtiques, païennes et chrétiennes, mais aussi toutes les traditions plus récentes, réminiscences de ces traditions ancestrales. Dans la littérature galloise et la mythologie irlandaise, les sources et les lacs représentent le passage d'un monde à l'autre.



## La prise de contact avec un esprit : la médiumnité de contact d'évidences

La forme la plus répandue en Angleterre est la médiumnité de contact ou de communication avec un défunt. Prendre contact avec un esprit chez les spiritualistes est très strict… Il existe des contrôleurs de médium. Je vous rappelle que médium veut dire canal. C'est le canal entre l'esprit et le vivant. Ce mot provient du latin qui veut dire milieu/intermédiaire. Au collège, j'ai souvent entendu dire : *« The middle of this side and the other side »*, le milieu de ce côté et de l'autre côté, un pont qui relie nos deux mondes. Il désigne donc une personne qui sert d'intermédiaire entre le monde spirituel, ou monde des esprits, et le monde des vivants.

J'ai noté cette phrase lors de mes premiers cours qu'un professeur nous a transmise : *« From spirit - through spirit - to spirit »* qui veut dire, « de l'esprit, à travers l'esprit, vers l'esprit ».

Lorsque le médium reçoit le consultant, celui-ci n'a pas le droit de dire quoi que ce soit, mis à part oui, non, peut-être/cela ne me parle pas.



On n'utilise pas de photos, parce que l'information de l'esprit doit passer par le médium et rien ne doit interférer, afin que le consultant puisse vraiment se dire : je n'ai donné aucune information, le médium ne sait rien et n'a pas été influencé par une photo.

Le médium, au cours de ce processus, doit prouver que l'esprit avec lequel il a eu un contact, appartenait bien à ladite personne, justement par les détails qu'il a donnés au moment de la manifestation. C'est aussi d'amener les souvenirs, de transcrire le caractère, des objets que le consultant reconnait, des noms, des lieux, etc. Donc, apporter des preuves lorsqu'une médiumnité de contact est faite.

Tout en vous livrant les bases et le fonctionnement d'un médium spiritualiste concernant la prise de contact, il est utile de savoir que les professeurs du collège ont une certaine éthique par rapport à une charte établie, très stricte, et c'est pour cela qu'ils n'ont pas le droit de pratiquer de la voyance, ou de lire des photos, comme je l'ai précisé. Il y a des lois sévères en Angleterre concernant la médiumnité. Un médium ou une voyante peut comparaitre en justice si sa pratique est mensongère.

Le médium qui canalise reçoit de différentes façons. En élevant ses vibrations, il monte en énergie pour rejoindre le monde spirituel. Il est en quelque sorte l'émetteur pour servir (en toute humilité) de canal afin de percevoir et recevoir les messages, pour ensuite les transmettre au receveur, le consultant. Lors de la méditation, l'énergie de la personne est passive, alors qu'en médiumnité, elle est active lors de la réception concernant la communication avec le monde spirituel.



Bien entendu, cela nécessite de la pratique et de l'expérience pour faire la différence. Le médium met son esprit analytique et rationnel de côté pour laisser place aux messages venant du monde spirituel. Il n'est à ce moment-là qu'un outil, un transmetteur.

Dans la médiumnité de contact d'évidences, on décrit la personne qui se présente ainsi :

- Femme ou homme.
- Description physique : Taille, tranche d'âge.

- Description du lien de parenté : Famille - connaissance.
- De quoi ou comment est décédée la personne : Maladie, accident...
- On peut donner des détails concernant son physique, son caractère, son état civil, son travail, sa situation de vie...
- On décrit le caractère en passant par l'aspect évidence, comme les souvenirs intimes, puis on transmet le message. Toutes ces évidences sont là pour reconnaître le défunt qui vient à vous et on termine avec un message de bienveillance, de positivité, parfois même une indication pour notre futur cheminement.



Il faut à tout prix éviter les médiums qui vous disent des phrases, comme « il vous aime » ou « il vous dit d'acheter cette maison, de vous séparer de votre conjoint », etc. Je vous rappelle que le défunt n'est pas un voyant !

Les spiritualistes ne vous promettront pas forcément de parler avec le défunt que vous avez choisi, mais de prendre celui qui se présente à vous, quelqu'un de préférence que vous connaissez, évidemment, car le choix appartient au monde spirituel. Donc ni le médium, ni le consultant ne choisissent. Éventuellement, les spiritualistes peuvent vous proposer d'envoyer une intention le jour du contact ou la veille, pour demander à ce que la personne de votre choix arrive, mais c'est sans garantie. Pourquoi ?

Parce que pour communiquer avec le défunt, il faut mettre son mental de côté, et si vous venez en disant que vous voulez parler à une personne bien précise, cela mettra une certaine pression au médium qui se focalisera sur cette demande. Par conséquent, son mental ne sera pas vraiment en veille et plus il se concentrera sur le fait qu'il doit parler à cette personne-là et moins il y parviendra. Il va tout simplement perdre la connexion. Et si le consultant ne veut parler qu'à cette personne, l'énergie sera bloquée et le monde spirituel n'arrivera pas à passer à ce moment précis.

Il est aussi essentiel pour les médiums de pouvoir faire valider leurs informations, car si vous-même ne les connaissez pas, ils vous demanderont d'aller vous renseigner, sinon le contact s'arrêtera. Cela ne sert à rien de parler d'un esprit quand le médium ne peut pas valider les informations reçues. Les spiritualistes ne peuvent pas non plus pratiquer et faire une lecture sur photo lors d'une séance, car ils pensent être à ce moment-là en psychique et non en médiumnique.



### *À savoir*

Le terme psychique signifie que le médium forme une connexion énergétique avec vous pour lire les informations contenues dans votre aura. J'aime aussi dire une connexion d'âme à âme. Une lecture psychique n'est pas une séance de bonne aventure. Vous avez le libre-arbitre et contrôlez à tout moment vos choix et l'orientation de votre vie. Le but d'une lecture psychique est de clarifier les obstacles et les défis auxquels vous êtes confrontés dans votre vie, et de donner une vision de la façon de les surmonter. On peut aussi appeler cela une guidance.

***Petite anecdote...***

En 2017, j'ai eu ce besoin à nouveau de rencontrer des personnes qui faisaient de la médiumnité de contact en public. Malgré des années de pratique, il est toujours bon de se confronter !

Dans la charmante ville de Folkestone, ville côtière et portuaire du comté du Kent dans le sud-est de l'Angleterre, non loin de la cathédrale de Canterbury, par ailleurs sublime église gothique, j'ai fait la connaissance d'une médium. Elle m'a donné l'opportunité, le temps d'une journée, de prendre des contacts et de démontrer mes compétences en tant que médium dans une église spiritualiste. J'en avais déjà fait lors de certains exercices au collège, mais le faire dans une église spiritualiste nécessite l'approbation d'un médium confirmé, reconnu par la SNU ou un autre mouvement spiritualiste anglican.

J'ai vécu une journée incroyablement riche en émotions, excitante et joyeuse. Quelle belle et fabuleuse expérience !

Je vous la raconte.

Quelques étudiants et moi-même, nous nous étions préparés à cette journée, puis à la soirée de démonstration publique qui s'en suivait. Nous avions été choisis par les médiums enseignants plusieurs jours auparavant, au cours desquels nous avions dû faire une séance de prise de contact défunt. Lors de cette expérience, Sheila French, l'enseignante, m'avait demandé de tourner le dos au groupe, nous étions plus de 20 personnes, et de laisser venir à moi un esprit pour entrer en contact avec lui.

Il me fallait commencer par donner des informations venant de cet esprit, en apportant des preuves, des évidences pour qu'un des membres du groupe puisse le reconnaître.

Ce fut une personne décédée de la famille du professeur enseignant, qui est alors entrée en contact avec moi.

Le matin même de cette fabuleuse journée, nous commençons par visiter l'église, tout en recevant les bons conseils des enseignants. L'église avait ouvert ses portes au public et les personnes qui le désiraient, entraient, choisissaient un médium et s'asseyaient en face de lui. Nous étions, je crois, cinq médiums, assis sur les bancs de l'église. Bien évidemment, nous ne connaissions absolument pas ces gens. Nous nous saluons et très vite les choses s'enchainent...

Le médium se met en connexion avec le monde spirituel et laisse venir à lui un défunt, puis il transmet les informations à la personne présente. Dès lors que le contact est établi, le médium doit parler durant une dizaine de minutes afin d'apporter le maximum de preuves, d'évidences, parler de la vie de ce défunt au consultant qui, à ce moment-là, ne peut répondre que par oui, non ou cela ne me parle pas. Ensuite, il reste cinq minutes pour passer un ou des messages. Lorsque le contact est terminé, le consultant va voir un des enseignants pour faire une sorte de débriefing, en clair, rapporter si le contact était correct. Nous avons fait cela pendant presque toute la journée, puis nous avons pu profiter un peu de cette charmante petite ville, mais aussi nous restaurer et prendre des forces avant la démonstration publique qui se poursuivait le soir dans l'église.



Plus de 150 personnes étaient présentes à cette soirée, ainsi que des médiums professionnels. La messe démarre et en seconde partie, nous montons sur l'estrade. Nous prenons un contact d'évidences, « une communication défunt » tout en étant scrutés, dirais-je, car tout devait être au détail près et juste. Il faut être clair et précis concernant les informations que nous donnons. À ce moment-là, on ne nous fait pas de cadeau, la justesse et les évidences doivent être de mise, on ne dira pas oui pour faire plaisir. C'est très impressionnant et si excitant comme expérience.

Je me laisse toujours et encore surprendre par l'intelligence du monde spirituel. Lorsque je démarre une communication avec les esprits et que je me prépare pour une démonstration publique, il arrive parfois que certains esprits viennent à moi bien avant la démonstration, quelquefois même la veille. Pour moi, c'est aussi une façon d'être mise en confiance et rassurée par cet autre monde.

Ce soir-là, lorsque j'ai démarré mon contact, très vite, j'ai senti une énergie qui se dégageait sur ma droite dans le public. Je me dirige aussitôt vers elle. Un homme se présente à moi et je commence par donner des évidences.

Il s'agissait d'un homme d'affaires qui travaillait en Suède. Tout en continuant à donner des preuves, je me tourne vers la droite et comprends pour qui est ce contact. Mais la personne ne réagissait pas, j'ai alors laissé malheureusement le contact s'en aller, car la personne dans le public ne se manifestait toujours pas. À cet instant précis, j'ai compris le clin d'œil et l'intelligence du monde spirituel. J'ai demandé à la salle si la phrase suivante avait un sens pour quelqu'un : Un monsieur, homme d'affaires qui travaille non pas en Suède, mais, et c'est à ce moment là précis que j'entends de la part du monde spirituel : la Norvège. J'ai continué de parler de ce contact qui se transformait en un autre contact, et l'énergie s'est dirigée au fond de la salle. Une femme a levé sa main et m'a dit : « Continuez Madame, c'est mon mari. » J'ai apporté bien d'autres preuves que cette femme a validées. J'ai terminé mon contact par un magnifique message d'amour qui lui a été transmis. Des perles de joie et d'amour ont coulé sur ses joues. Ce fut un très beau moment.

Il y a beaucoup d'émotions et de joies, je me sens beaucoup plus libre dans les pays anglo-saxons, notamment lors de ce genre d'événement. J'ai également eu la chance d'expérimenter des contacts à l'Arthur Conan Doyle Center à Édimbourg. Cela a été une de mes prestations les plus impressionnantes en public, surtout pour moi-même. Je n'ai jamais ressenti quelque chose d'aussi visible, dans l'invisible. J'ai vécu dans mon corps une sensation, lors du contact avec l'esprit, qui m'a fait comprendre sa maladie, et notamment l'intervention de sa trachéotomie. La trachéotomie consiste à pratiquer une ouverture au niveau de la trachée. Une canule est alors introduite à cet endroit permettant le passage de l'air. Pour ma part, c'est comme si un immense tunnel s'ouvrait au niveau de ma gorge et que je pouvais y passer tout mon bras pour le faire ressortir de l'autre côté. L'air a commencé à circuler dans ma gorge comme un ventilateur que l'on allume à son maximum. Je vous rappelle que ces sensations sont là uniquement pour nous faire comprendre l'information que le défunt veut nous transmettre. Ni le défunt, ni le médium ne restent dans cette position.



J'ai toujours beaucoup de mal avec ce genre d'expérience en France, car cela ne correspond pas à l'enseignement spiritualiste que j'ai reçu. Cela ne veut pas dire que tout ce que j'ai appris me corresponde, mais il y a beaucoup de médiums qui font ce que l'on appelle du psychique alors qu'ils pensent être en médiumnique. Et beaucoup d'entre eux ont des egos surdimensionnés ! Fuyez également le médium théâtral qui vous dit que vous allez rester trois jours dans un état lamentable suite à la prise d'un contact. Rappelez-vous que la miséricorde adore la compagnie, en clair, c'est le médium qui continue de donner pouvoir à ce qu'il ressent ou pas. Il n'y a pas non plus un « blablatage » qui s'établit entre le médium et le consultant. On n'est pas en consultation chez un psy.

## La transse



Il y a d'autres façons encore de pratiquer la médiumnité, comme par exemple la transe.

La transe est un état de conscience modifié et altéré. Le médium fait monter son énergie d'une façon très élevée, en laissant son mental complètement de côté pour accueillir le monde spirituel et le laisser parler à travers ses cordes vocales.

En transe profonde, le médium modifie son état de conscience, il descend à l'intérieur de lui, comme un plongeur qui descend des paliers pour aller dans les profondeurs des océans. À ce moment, le médium n'a pas conscience de ce qu'il dit, mais il reste malgré cela le maître de son château. C'est le guide ou le défunt, par exemple, qui parle à sa place.

Lorsque le médium parle avec des guides ou des êtres de lumière, ce n'est pas la même énergie que lorsqu'il parle avec des défunts.

Chez certains médiums, il se peut que des plaques rouges apparaissent au niveau du cou ou que les paupières palpitent de manière assez importante. Cela veut dire que l'esprit commence par prendre le contrôle du système nerveux du médium. Bien entendu, cela se fait généralement en douceur pour établir la communication, un peu comme des vases communicants. Pour ma part, des larmes coulent sur mes joues, c'est là que je sais que le monde spirituel prend place. Je dis alors que ce sont des perles de diamant que nous offre l'autre monde. La voix aussi peut se modifier et il arrive même au médium de parler dans une autre langue. Cela m'est arrivé et c'est très impressionnant. Lorsque le médium est entrainé, il ira dans une forme de lâcher-prise et il lui sera donné de parler de plus en plus aisément.



La transe profonde se pratique souvent en groupe ou devant un public pour apporter des messages philosophiques. Le groupe joue un rôle important, car il apporte l'énergie nécessaire au médium en transe pour réceptionner ce que le monde spirituel vient transmettre. La conscience du médium modifiée permet aux esprits de fusionner temporairement avec son esprit. Cette collaboration peut se traduire sous différentes formes, comme la parole, l'écriture, ou encore la peinture, la musique, la sculpture, la guérison, et cela en fonction aussi des capacités physiques et de l'évolution personnelle et spirituelle du médium. Il y a différents niveaux de transe.

Une transe légère implique un léger changement de conscience, permettant au médium de rester conscient du processus de communication ou d'écriture. En revanche, la transe profonde est un état modifié beaucoup plus intense, dans lequel le médium abandonne le contrôle total de sa conscience physique et mentale à l'esprit qui communique. En ce qui me concerne, à ce moment-là, il n'y a plus de filtres !

En 2016, j'ai vécu une grande transformation dans ma vie. Tout au long du premier semestre, j'ai passé plusieurs mois avec une entité spirituelle qui me guidait dans mes écritures, et m'offrait par la même occasion de belles énergies de guérison. J'avais organisé, quelques mois auparavant, un séminaire d'une semaine avec un professeur du collège, Bill Thomson, qui pratiquait la transe. Je profitais de ce nouvel outil, qui n'en était pas vraiment un pour moi, mais que je n'avais pas vraiment exploré.



Après une nuit de trop à souffrir de mon épaule, je décide le matin même de me mettre en transe et d'expérimenter la transe guérison pour avoir un peu de répit concernant ma douleur. Un guide est venu à moi et m'a demandé d'écrire. C'est alors que les choses se sont enchaînées très rapidement, et chaque jour, durant plus de quatre mois, avec quelques heures de transe, ma douleur disparaissait. Mon épaule s'est guérie très rapidement. Le temps de guérison à été divisé par deux, voire plus, et c'est comme cela que mon livre *Liberté de soi* est né.

Durant le séminaire de transe avec Bill Thomson, et après trois jours de cours et d'entrainement quotidien, un matin lors d'une méditation profonde, j'ai senti une énergie lumineuse et très puissante venir à moi. C'était le but de l'exercice, se rapprocher un maximum de son guide ou d'un être de lumière. Demander à l'énergie de venir à nous, puis un peu plus et toujours plus près, pour ensuite lui dire de s'en aller. Cela permet de nous sentir au plus proche de notre guide, pour en goûter son énergie puis de se rendre compte de l'effet que cela procure lorsqu'il quitte notre champ aurique. Cela faisait un moment que je n'avais pas fait en conscience ce genre d'exercice. Je me suis laissé aller, au point de quasiment fusionner avec lui. Cela fut tellement puissant que mon rythme cardiaque a commencé à s'accélérer, pour ne pas dire à s'emballer si fortement que je me suis évanouie. J'ai été sonnée un moment et j'ai mis plus de deux heures à revenir sur Terre. Dans ce séminaire, j'ai également expérimenté la peinture en transe profonde. Ce fut atypique ! Tout d'abord, un chef amérindien s'est présenté à moi. Puis j'ai capté l'énergie de Picasso. Je précise qu'à ce moment-là, j'avais un problème de santé, une capsule rétractile avec un bras gelé. Cela veut dire qu'il est impossible de lever le bras, car il est totalement bloqué, avec en prime de violentes douleurs.

Je me souviens encore des yeux de mon binôme qui observait la scène. Je ne contrôlais plus rien. Mon bras se levait et dessinait sur cette immense feuille fixée sur le tableau. J'ai alors commencé par lui raconter la vie de Picasso, ses émotions, ses colères, ses amours, etc. Je suis toujours et encore surprise, malgré mes nombreuses années de pratiques et de connaissances, de l'intelligence de cet autre monde. Il est essentiel de continuer à chercher à améliorer ses compétences et de tisser un lien puissant avec lui. Plus vous vous efforcerez d'intensifier, de travailler cet outil, et plus votre niveau augmentera. Vos capacités ainsi grandiront et vous améliorerez votre relation de communication avec les esprits.



Alors qu'il logeait chez moi, Bill me demanda : « Ça te dirait de vivre une nouvelle expérience de transe ensemble ? »

Bien entendu, ma curiosité était trop grande pour ne pas accepter. Ce fut une expérience incroyable. Je me suis accordée un bon temps de respiration profonde, puis j'ai élevé ma vibration et suis entrée en connexion pour plonger dans un monde où les esprits se confondent pour n'en faire qu'un.

La veille, j'avais fait une transe médiumnique assez atypique avec un esprit anglais qui était le grand-père de notre traductrice de groupe. Mon corps a pris littéralement l'apparence d'un vieux monsieur, dont je mimais la gestuelle. Ma voix se transforma et un anglais à l'ancienne, parfaitement correct, sortait, sans que je ne contrôle rien, du fin fond de ma gorge.

L'expérience avec Bill fut différente. L'énergie n'était pas la même, car je suis entrée en contact avec un guide. Il se manifesta rapidement à moi. Il était très philosophique. Il a commencé à nous parler de la nature, des animaux, des lois de l'univers et du comportement humain, notamment ce que nous devions absolument comprendre face à des situations terribles qui allaient nous arriver ! Je précise que ce que nous vivons aujourd'hui, en termes de contexte social et climatique, m'est venu en transe ce jour-là, douze ans auparavant. Il était assez précis et dans le ton de sa voix, je sentais un guide très puissant, doté d'un fort caractère, avec beaucoup de sagesse et de connaissances. Très vite, lors de cette connexion, j'ai compris qu'il était un guide enseignant qui allait m'apporter de la rigueur, de la puissance et des enseignements.



Nous étions entre nous, Bill Thomson, le professeur qui s'était installé tout à côté de moi, mon ex-mari qui filmait cette expérience, ma fille et une amie.

Lorsque j'ai vu la vidéo, je me suis rendue compte de l'état modifié de conscience dans lequel j'étais, et surtout mon visage était transformé, comme si on pouvait presque voir le visage d'une énergie différente de la mienne. Puis ma fille et une amie ont pu poser des questions, et mon guide leur a apporté des réponses. Des réponses qui se sont confirmées bien plus tard. Je me suis mise à chanter dans une langue que je ne connaissais pas, pour ensuite laisser place à nouveau à celle que je suis. Bill prit la relève à cet instant pour faire venir son guide, le temps que je récupère et que je retrouve mes esprits. Depuis je travaille avec deux guides, un très charismatique et très puissant, plutôt de caractère sévère qui me donne des enseignements, et l'autre bien plus doux et délicat, son enseignement est plus philosophique.



Lors d'une séance en transe, que ce soit un esprit ou un être de lumière, il n'y pas de filtres, il faut être prêt à recevoir sa réponse. Et lors de démonstrations ou de conférences, je ne sais jamais lequel des deux vient travailler avec moi. Cela dépend aussi beaucoup du sujet de la conférence et/ou de l'énergie du groupe.

Je me souviens lors d'une démonstration devant un groupe d'une quarantaine de personnes, en Suisse, que mon guide est apparu. J'étais alors dans la salle encore vide, car j'avais l'habitude de m'installer avant tout le monde pour me poser un instant. L'énergie qu'il diffusait et que je voyais avec mes yeux était immense, j'avais l'impression qu'il faisait plus de quatre mètres. J'étais tellement loin déjà dans mon état de conscience modifié que je n'ai ni vu, ni entendu les personnes arriver. Par la suite, on m'a rapporté que ces dernières n'avaient pas vu ce qu'il s'était passé, mais avaient senti une telle énergie dans la pièce, qu'elles avaient marché sur la pointe des pieds pour s'installer.

La séance a démarré très fort, je me suis mise à parler durant presque une quarantaine de minutes, puis mon guide a demandé à recevoir des questions. Les Suisses sont très respectueux et pudiques, ils n'osaient pas poser de question. Il faut dire aussi que pour beaucoup d'entre eux, ils ne connaissaient pas vraiment le déroulement de cette conférence.

Dans ce genre d'expérience, comme pour la médiumnité de contact, le médium ne peut pas tenir l'énergie de l'esprit ou du guide indéfiniment, donc il faut aller rapidement aux questions-réponses qui s'enchainent pour ne pas perdre justement cette énergie. Ce soir-là, j'étais en compagnie du guide sévère et comme les questions tardaient à venir, l'énergie de mon guide a jeté par terre l'oracle qui était tout à côté de moi. Heureusement, j'avais une assistante qui m'envoyait de l'énergie pour ne pas trop fatiguer. C'est elle qui a ramassé mon oracle. Elle posa la première question puis le déroulement de la soirée fut impressionnant et magique.



Pour moi, la médiumnité en transe n'a rien d'intrigant, à ne pas confondre avec la transe chamanique. Cette pratique de transe permet simplement aux gens d'entrer en contact avec le monde des esprits, et comme je l'ai expliqué, dans cet état de conscience altéré et grâce à cette forme de communication, les vivants peuvent interagir avec les défunts.

Les états de transe ont été, sont et seront toujours utilisés. On les trouve dans les cultures comme le chamanisme, certaines cultures tribales et indigènes.

À travers les âges, la transe s'est développée à partir des rituels des anciennes civilisations pour devenir une partie intégrante du mouvement spiritualiste et d'autres pratiques spirituelles modernes. Les premiers témoignages de médiumnité par transe remontent à l'Égypte ancienne. Dans cette région, les prêtres communiquaient avec les morts dans le cadre de leurs rituels religieux, et les pharaons pouvaient être consultés sur d'importantes questions d'état. Tout comme certains de nos politiciens et présidents connus le font en consultant des médiums.



Les toutes premières séances de communication avec les esprits se faisaient donc avec des médiums égyptiens en transe dans un état d'inconscience.

Au cours du 19e siècle, le mouvement spiritualiste a fait de la médiumnité par transe une pratique populaire. Elle jouait un rôle essentiel dans les manifestations spirites et les séances de spiritisme, les médiums entrant en transe pour recevoir des messages des esprits et les transmettre aux vivants. Bien que cette pratique se soit modernisée au fil du temps, elle présente encore des similitudes avec les pratiques chamaniques, tribales et indigènes, et reste une pratique courante dans les cercles spiritualistes modernes.

L'idée de différents niveaux de transe semble avoir été introduite par les pratiques spiritualistes, puis a gagné en popularité dans diverses communautés spirituelles et métaphysiques. Mais les approches et les systèmes de croyances sont distincts pour les médiums en transe.

Les médiums modernes peuvent chercher à améliorer leurs compétences et à établir un lien puissant avec le monde spirituel. Lors de pratiques dans des cercles ou en stage, ils travaillent pour intensifier leurs niveaux de transe, améliorer leurs capacités intuitives, psychiques et établir une relation avec les esprits avec lesquels ils communiquent. La transe médiumnique, comme toute forme de pratique spirituelle, varie d'un individu à l'autre selon son niveau d'évolution. Je précise aussi que pour ce genre de pratique, il n'y a aucune prise de drogue ou de psychotrope.

Dans les transes anciennes, chamaniques et indigènes, l'objectif était le plus souvent de communier avec les dieux ou une divinité. Alors que la transe médiumnique moderne se concentre sur l'expression de guides spirituels, d'êtres de lumière, de personnalités connues ou d'êtres chers décédés.

En conclusion, la médiumnité par transe est principalement considérée comme une pratique ancienne et profonde qui permet aux individus d'établir une connexion avec le monde des esprits.

## La transe guérison

Il y a encore une autre forme de médiumnité qui consiste à demander au monde spirituel de guérir le consultant à travers le médium. On appelle cela de la transe guérison ou médiumnité de guérison. Dans ces cas-là, l'esprit travaille au travers du médium… Pareil pour la transe en écriture automatique.



Voici un exemple de texte que j'ai reçu en transe parlée lors d'une séance publique :

*« Vous n'êtes pas un corps qui incarne une âme vous êtes une âme qui incarne un corps… Vous êtes un être spirituel, ne l'oubliez pas ! Cela signifie également que vous pouvez visiter votre vie différemment. Vous vous faites bien trop de soucis, votre manque de confiance vous bloque et vos doutes vous freinent. Vous êtes une âme qui s'est incarnée dans un corps pour faire des expériences et expérimenter la vie.*

*Vous devez comprendre que la vie est votre alliée et non votre ennemi ! Vous êtes là pour vous réaliser, ne l'oubliez pas. Cela ne veut pas dire que le chemin sera facile, fluide et sans épines, bien au contraire, vous êtes là pour apprendre.*

*Mais l'apprentissage est bien moins douloureux lorsque vous vous laissez guider par le fil de la vie et surtout par votre ouverture spirituelle. Votre conscience alors vous permettra de comprendre les messages de vie différemment et vous amènera une meilleure compréhension des expériences.*

*Il est « essence-ciel » de sortir de la victimisation et de comprendre ce qui se passe à l'intérieur et à l'extérieur de vous. Vous pouvez être aussi à l'origine de votre problème, ou de croyances que l'on vous a inculquées. C'est pour cela que nous vous demandons d'avoir toujours un regard positif concernant la situation à traiter. Orientez votre pensée vers la question suivante... Quelle est la solution, comme si vous étiez déjà en train de la régler. Mais gardez toujours à l'esprit que vous êtes une âme venue, ici-bas, pour évoluer ! Votre travail est de rester humble, travaillez, travaillez et travaillez, nous ne cesserons jamais assez de vous le dire. Non pas vous acharner à votre travail nourricier mais travailler pour votre évolution spirituelle.*



*Nous comprenons que cela n'est pas simple pour vous, mais lorsque vous serez prêts vous comprendrez rapidement que cela est libérateur pour vous. Nous ne vous demandons pas au travers de ce travail de changer mais bien plus que cela de devenir vous-même !!!!*

*De faire ce travail dans la joie et dans la curiosité, dans la confiance et dans le respect. Vos blocages, qu'ils soient physiques, psychiques ou émotionnels, sont là pour votre évolution et surtout, nous ne cesserons de vous le répéter, devenez vous-même.*

*Beaucoup trop de personnes pensent être spirituelles et vous donnent de la brillance à travers de belles phrases, mais ce que nous voulons ce sont des actes ! Il ne suffit pas d'être spirituel à travers la parole. Vous ne pouvez pas vous épanouir et grandir au travers de quelque chose que vous ne saisissez pas ! Vous ne pouvez construire et mettre des fondations sur un terrain marécageux. Il est essentiel de bien connaître l'endroit et d'être certain de pouvoir poser les fondations pour que tout cela soit constructible, durable et solide !*

*Nous voulons que vous puissiez grandir et évoluer en toute sécurité. Dans la joie et le bien-être, en équilibre et en parfaite harmonie.*



*Nous savons que vous faites des efforts, mais nous constatons que bon nombre d'entre vous n'arrivent pas à avancer comme ils le souhaiteraient ou bon nombre d'entre vous sont bloqués dans des situations qui reviennent encore et encore. Nous vous demandons de quitter vos frustrations, vos jalousies, vos haines, vos regrets… Nous vous demandons d'apaiser tout cela. Il est important de gérer vos émotions, de prendre du temps à la réflexion. Nous ne vous demandons surtout pas d'être parfaits ! Nous voulons que vous soyez en paix et en joie, en harmonie dans votre cœur et votre esprit.*

*Pour calmer vos émotions, il est important que vous appreniez à être dans votre confiance. Dans l'instant présent, de sai-*

*sir chaque moment qui s'offre à vous. Vous vous posez trop de questions et vous êtes parfois bien trop compliqués dans vos pensées. Là encore, nous ne vous le répéterons jamais assez... Soyez dans la simplicité !!!*

*Nous entendons souvent de votre part nous dire tous : ah tous ces efforts à faire !!! Ce ne sont pas des efforts que nous vous demandons de faire! Lorsque vous êtes simplement dans ce qui est comme le moment présent, la joie, votre joie intérieure, l'amour de soi, et la simplicité, retrouvez-vous, connectez-vous à votre enfant intérieur qui est dans la joie, dans la découverte et dans la créativité, dans la curiosité.*

*C'est cela, en quelque sorte, votre mission ! C'est de vous trouver, de vous choyer et de vous aimer !!!*



*Votre âme est pur amour, elle vibre hautement dans les sphères de l'amour inconditionnel !*

*Vous cherchez continuellement des clefs pour ouvrir des portes, mais vous oubliez que vos clefs sont là, à votre portée, juste à l'intérieur de vous-même !*

*Ouvrez la porte de votre espace sacré, de votre cœur, et baignez dans l'amour infini ! Votre amour.*

*Combien de fois vous jugez-vous, combien de fois vous dénigrez-vous, combien de fois vous critiquez-vous ? Nous vous demandons de cesser de vous faire du mal. Il est grand temps de prendre conscience de cela. Aimez-vous, honorez-vous pour que vos vibrations soient élevées et que votre lumière brille au-delà des mondes. Prenez bien soin de vous. Faites ce qui est juste et en accord avec vous-même, osez dire non et soyez authentiques. Restez humble sur le chemin du divin et bien évidemment votre chemin, le chemin vers soi ! Soyez dans le partage et cheminez ensemble dans le partage pour un apprentissage et un accompagnement de qualité. Vous apprenez les uns des autres, vous êtes tous sur le chemin de l'évolution. Chacun progresse à son rythme et comprend ce qu'il doit comprendre au moment où il doit le comprendre, mais il n'y a pas de personnes supérieures à vous.*

*Alors nous vous demandons de vivre pleinement le moment présent, de vous ancrer et de chérir votre mère Terre.*



*Nous vous demandons également d'être toujours dans le discernement et d'écouter votre voix intérieure. Soyez dans votre vérité, servez-vous aussi de la vérité des autres, seulement si cela résonne en vous. Ne jugez personne et soyez doux avec vous-même. Osez être vous-même, respectez-vous, et avancez sur ce chemin en confiance. Réalisez-vous comme vous le souhaitez et non pas comme on vous l'a enseigné.*

*Soyez libres... Volez de vos propres ailes. Mettez de la joie et de l'amour dans vos réalisations. Félicitez-vous, soyez fiers de vous et contemplez vos réussites achevées ou inachevées ! Aimez ce que vous faites, mais ne restez pas enfermés dans quelque chose qui ne vous convient pas ! Ayez foi en la vie et en l'Univers qui vous donnera ce dont vous avez besoin !*

*Donnez du sens à votre vie, soyez libres de vos choix et des décisions que vous prenez ! N'ayez pas peur, vous n'êtes pas seuls car la vie et votre âme connaissent le chemin ! Nous voulons simplement vous enseigner la chose la plus importante qui est de prendre conscience que la joie, la sérénité, la paix se trouvent à l'intérieur de votre être. Soyez curieux de découvrir toutes les richesses qui se trouvent à l'intérieur de vous. Nous ne cesserons jamais de vous le dire et de vous le redire, c'est la clef de votre transformation. Prenez du temps pour vous, asseyez-vous dans l'espace sacré de votre cœur, et voyez ce qui se passe en tournant votre regard à l'intérieur de vous. Soyez dans la gratitude et remerciez. Ouvrez grand la porte et voyez ce que l'Univers vous offre comme possibilités, et sa générosité est grande. Alors ne gâchez pas ce champ des possibles en étant dans la négativité, mais en étant présent aux cadeaux de la vie sans détériorer ce qu'elle vous donne. L'Univers sait ce dont vous avez besoin et peut vous ramener bien plus que vous ne l'espérez !*

*Nous vous demandons plus que tout d'écouter votre voix intérieure, de faire confiance à ce chuchotement de l'âme qui est là, en vous, et qui vous donne les clefs pour votre cheminement !*

*Soyez dans l'abondance, soyez dans la générosité envers vous-même et surtout envers les autres. N'oubliez pas que vous êtes tous reliés les uns aux autres. Faites de votre chemin un chemin de joie, de lumière et de création, dans l'amour et la bonté de vous tous !*

*Bien-aimés, nous vous envoyons nos pensées d'amour et de lumière, soyez dans la paix de votre cœur.* »

À ce propos, il me revient une expérience que j'ai vécue.

Il m'arrive d'organiser des séminaires avec certains amis professeurs du collège, qui viennent chez moi en Alsace. Lors d'un de ces stages, nous avons expérimenté la transe guérison. Je me souviens d'avoir travaillé en binôme avec un monsieur du groupe qui avait des problèmes aux yeux. Bien sûr, je n'étais pas au courant. Je me laisse guider par le monde spirituel et très vite arrive à moi un esprit.

Il se présente, c'est un homme et il me donne son nom, Docteur Lang. C'était un homme d'un certain âge, expérimenté dans le domaine médical, notamment en chirurgie ophtalmologique.



Mes mains se dirigent automatiquement vers la tête du consultant, puis machinalement, je tends mes mains vers ses yeux. Je n'avais aucun contrôle, je me suis simplement laissé envahir par cette énergie et j'étais plutôt impressionnée par le charisme de ce défunt. À la fin de l'expérience, je remercie cet esprit de m'avoir choisie. Avec un sourire, il me remercie en retour avant de me quitter. J'ai dit au professeur médium que j'étais très intriguée. Je suis donc allée voir dans le moteur de recherche si ce nom et cette fonction étaient bien attribués à cet esprit. Mon enseignante était tout aussi excitée à l'idée de voir si son nom allait s'afficher. Le monde spirituel est très intelligent et nous fait toujours des surprises incroyables, car effectivement, le chirurgien en question était bien réel, décédé depuis plusieurs années et reconnu comme un excellent médecin, chirurgien ophtalmologue en Angleterre.

Une des médiums avec laquelle j'ai aussi fait une expérience de transe guérison se prénomme Libby. Elle travaille avec un esprit dont le nom est Docteur James. Lorsque l'esprit guide du Docteur James prend place pour donner un soin, Libby n'intervient pas dans son travail, elle prête juste sa voix et ses mains. Libby nous a expliqué qu'elle n'avait aucune connaissance médicale, mais que son guide était médecin de son vivant. Lorsque vous faites de la guérison avec un médecin du ciel, il travaille avec sa propre énergie. Vous apposez simplement vos mains et l'énergie passe par vous, mais c'est le monde spirituel qui sait à quel endroit il doit aller travailler et où placer l'énergie. J'ai pu bénéficier d'un soin et c'est très impressionnant, car on voit l'énergie de la pièce changer lorsque l'esprit guide arrive. J'étais venue avec une problématique que j'ai transmise au médium.



Le médium se prépare à recevoir l'esprit guide, mais ce n'est que celui-ci ou le médecin du ciel qui sait à quel niveau travailler dans votre corps physique, émotionnel ou mental, voire votre corps spirituel. Le médium est généralement accompagné par un autre médium ou un assistant, ce qui a été le cas pour moi. Le médium lors de votre soin, vous accueille avec bienveillance, la confidentialité est de mise, et il vous rappelle qu'il n'y a aucun jugement à ce moment-là, il veille à ce que tout se passe bien pour vous et bien évidemment, il ne vous dira jamais d'arrêter votre traitement, si vous en prenez un.

À ce jour, il y a eu quelques guérisons miraculeuses, prouvées.

En ce qui concerne l'écriture inspirée ou intuitive, par exemple, on élève ses énergies vers le monde spirituel en demandant à l'esprit ou au guide de nous donner des messages... Vous avez la sensation de ne rien gérer et de ne rien contrôler tout en recevant des messages et en étant bien conscient.

En transe parlée, en transe écrite ou en écriture automatique, ce n'est pas le même procédé car, dans ce cas, on ne contrôle plus rien. Les yeux fermés, vous pouvez écrire ou peindre avec les deux mains. Je l'ai vécu et vous ne savez absolument pas ce que vous faites et ce que vous dites. Il n'y a plus de filtres. Dans ce cas précis, l'esprit écrit ou parle à travers vous.



Souvent, j'entends des médiums raconter de vraies bêtises au consultant en prédisant n'importe quoi, en se disant canal. Ils ferment les yeux et en quelques secondes se retrouvent en transe. La pratique de la transe est tout un apprentissage. Cela demande beaucoup d'assiduité. Il faut travailler de nombreuses années pour la développer à un niveau élevé. Les médiums spiritualistes s'assoient en cercle et aident celui ou celle qui est au milieu à développer ses facultés en lui transmettant de l'énergie.

Ces mêmes voyants ou médiums charlatans vous font aussi croire que la réponse que vous avez reçue vient du défunt. Ce qui est encore plus terrible, ils se servent du défunt pour vous faire des prédictions. Je ne le répèterai jamais assez, vos défunts qui viennent à vous ne font pas de voyance !

Pour illustrer mes propos sur les pratiques de la transe médiumnique, j'ai demandé une entrevue avec Sheila French, ancienne professeure du collège Arthur Findlay.

Je la remercie de m'avoir accordé de son temps pour cette interview. Elle est reconnue pour ses expériences de transe et son enseignement, depuis plus de 30 ans. 

Ma première question a été celle-ci :

Quelle est ta relation avec la transe ?

*« Dès le début de ma formation, lorsque j'étais élève au collège Arthur Findlay, mes professeurs me plaçaient toujours dans le groupe de transe. La transe a été mon tout premier contact et mon tout premier apprentissage, ainsi que ma compréhension du monde spirituel. La pratique médiumnique est arrivée bien après. Pour moi, cela a toujours été très naturel et normal. Je considère la transe comme quelque chose que je suis capable de faire et que je peux partager simplement avec le monde spirituel. Je veux exprimer par-là que cela n'a jamais été un défi me concernant.*

*J'ai rencontré l'homme, que j'appelle mon guide, la toute première fois où j'ai participé à cette initiation. Je ne savais pas du tout ce qu'était la transe auparavant. À ce moment-là, je ne savais pas du tout qui était mon guide et je ne savais pas non plus qu'il s'agissait d'un état de transe, lors de notre rencontre. Notre relation s'est développée au moment où je n'en avais absolument aucune connaissance, ni outils. Lorsque j'ai commencé à développer ma médiumnité, j'ai aussi développé en même temps ma spiritualité, tout en construsant ma relation avec mon guide. Nous étions une équipe tout au long de ce chemin.*

*À travers cette relation spéciale, j'ai appris à communiquer en même temps avec le monde spirituel, avec mes guides, mais aussi avec les êtres chers, aimés et disparus. C'était, en quelque sorte pour moi, le même lien. Mon guide ne communiquait jamais de façon séparée, cela a toujours été un travail en simultané concernant les contacts avec des personnes décédées ou des guides. Je pense que beaucoup de personnes placent les guides sur un piédestal. Puis, j'ai développé ce concept de meilleur ami. Mon meilleur ami est toujours là et apporte son aide. Je ne connais pas son nom et je ne le vois jamais, je le ressens simplement. Pour moi, il n'avait pas d'identité, c'était juste une relation, juste une connexion émotionnelle.*

*Lorsque je recevais de l'aide ou des informations, c'était toujours sous une forme émotionnelle ou inspirationnelle.*

*Ce n'était jamais mon guide qui me disait ceci ou cela, on m'a montré telle ou telle chose, etc.*

*En anglais, on dit : Ce n'est jamais perceptible ou tangible, mais toujours subtil. Il s'agit d'une histoire de confiance, il faut être capable de croire en soi et de se dire que ce n'est pas mon imagination, car je ne dispose pas d'une image, ce n'est pas quelque chose de tangible. Il faut apprendre à dire "voici comment je pense, mais ce n'est pas ce que je pense. Voici comment je me sens, mais ce n'est pas ce que je ressens." Et tout cela se construit sur la base de la confiance.*

*Je n'avais pas besoin d'un nom, d'une image, car je devais vraiment être sûre de moi lorsqu'il s'agissait de mon guide et pas de moi. Je n'avais pas besoin d'une identité pour faire la différence. Et je sais aussi que pour toi, Bernadette, c'est la même chose.*



*Après 6 ans environ de pratique, j'ai commencé à être connue et j'ai été rapidement encouragée à travailler en public via le collège, au travers de ma médiumnité, de mes expériences et de la transe. Puis j'ai également commencé par proposer des démonstrations de transe à des groupes de personnes. Lorsque les gens me disaient des choses comme : "La transe est difficile", je répondais : "Non pas du tout".*

*Lorsque les gens me disaient que la transe était bizarre, je répondais : "Non, pas du tout". Lorsque les gens me disaient cela me fait peur, je leur répondais : "Laissez-moi vous montrer qu'il n'y a rien qui fait peur".*

Quels sont les bénéfices d'être en transe ou de pratiquer la transe ?

*« Deux différentes questions, deux différentes réponses.*

*Les bénéfices de travailler en transe sont des conversations fluides et non distillées avec le monde spirituel. La voix du médium est la forme la plus proche d'inspiration. Il peut parler avec une expression qu'il n'utilise pas habituellement. Cela peut être une opinion avec laquelle tu n'es pas d'accord. Cela peut être une perspective que tu n'as jamais considérée en tant que médium.*

*C'est le discours le moins pollué. Les bénéfices de travailler avec la transe pour moi sont qu'il s'agit d'une médiumnité feignante. Je me mets de côté et les mots abondent. Par exemple, lorsque je donne des séminaires, il m'arrive de faire deux jours de 10 représentations chaque jour, 5 heures de séances privées par jour. C'est beaucoup de travail.*



*En transe, c'est comme si je dormais toute la journée. Pour la médiumnité, c'est un vrai travail. La bonne chose est que lors d'évènements médiumniques, je serais énergétiquement fatiguée. En transe, je suis verbalement fatiguée, ma voix est habituellement enrayée, mais énergétiquement, je pourrais faire la fête. C'est comme une superbe connexion spirituelle toute la journée. Cela prend beaucoup moins d'énergie, de stress, moins d'efforts pour produire un travail de qualité. Tu dois quand même travailler, mais c'est un processus très naturel.*

*Alors qu'avec la médiumnité, avec des preuves, tu dois les analyser lorsque ton esprit transforme les choses. Est-ce que les évidences sont assez correctes ? Est-ce que j'ai compris et transmis correctement au mot près pour le client ? Ton esprit travaille énergiquement et mentalement de façon poussée. Avec la transe, mentalement tu ne travailles pas du tout et énergétiquement tu travailles un peu.*

Comment devient-on ministre ?

*« On entend par ministre, quelqu'un qui officie dans un établissement d'État. Je ne suis pas ministre, mais je peux faire une cérémonie de mariage, mais il faut obtenir les papiers légaux à l'institut de la ville. Donc auprès de la SNU, qui est la Spiritual National Union. Je fais les funérailles également et légalement, les baptêmes aussi. Les avantages d'être un ministre sont que tu es reconnu par le Gouvernement, par la loi. Ça donne des possibilités, tu peux travailler à l'hôpital, dans les prisons et pour une autre religion. Je fais certaines choses qu'un ministre peut faire. Certaines choses sont légales, d'autres non. Quand je dis légal, ça ne veut pas dire mal, ça veut juste dire que je n'ai pas les papiers officiels. Pourquoi ? C'est un moyen facile à expliquer. C'est comme un club, un groupe social. Si tu joins le groupe social, tu arrives sur la guidance de ce groupe. La SNU est reconnue par la loi du pays, par le gouvernement. Une caretaker (aide-soignante) est une personne qui prend soin des autres, comme un auxiliaire de vie.*

*Le gouvernement a dit dans les années 1900 : "Nous reconnaitrons la religion spiritualiste, mais nous avons besoin de quelqu'un qui décide, d'un chef comme le Pape pour les catholiques." Donc, ils ont donné ce travail à la SNU. Le gouvernement est donc relié à la religion par la loi de l'État, et c'est une bonne chose.*

*Je suis un membre de ce club. Les choses se sont emmêlées ces dernières années, (environ 100 ans), comme dans toutes les religions.*

*Je suis enseignante au sein de la SNU, je suis une transe médium, je suis une oratrice, je porte la voix. J'ai tous ces certificats. Mais ça ne veut pas dire que je peux faire plus que quelqu'un qui n'a pas les certificats. Aujourd'hui, tu peux passer ton examen avec la SNU. Les gens qui ne sont pas membres de ce club peuvent faire toutes les choses que je fais, sauf enseigner au collège. Tu peux être de n'importe quel pays et faire partie du club, c'est là où ils sont très bons. Parce qu'ils lient la SNU avec la loi de l'État, ils gardent les gens en sécurité.*



*Ils sont aussi très bons avec le sentiment d'appartenance à une communauté. Certaines personnes ont besoin d'être en groupe pour se sentir en sécurité, d'autres en ont besoin de façon à évoluer dans leur développement.*

*Je n'en ai jamais eu besoin, j'ai commencé ma propre école il y a plus de 25 ans. J'avais mes propres chemins ainsi que ceux de la SNU, et pendant longtemps cela a fonctionné. Puis les règles de la SNU ne s'accordaient plus avec les miennes* *vis-à-vis de l'enseignement et ma vision d'avancer. Alors, je me suis séparée, je ne dis pas que la SNU est une mauvaise chose, cela n'a juste pas fonctionné pour moi. »**

## La médiumnité physique : Gordon Higginson

Il existe également la médiumnité physique, bien moins connue et qui de nos jours est quasi inexistante.

Gordon Higginson était un médium qui pratiquait la médiumnité physique de contact et la transe médiumnité. Il était le président de la SNU et du collège Arthur Findlay. C'était un des plus grands médiums de ce siècle. J'ai beaucoup entendu parler de ce médium par certains de mes professeurs. Il était très strict dans son enseignement. Des centaines de milliers de personnes à travers le Royaume-Uni se sont émerveillées de sa brillante clairvoyance, non seulement dans les églises spirites, mais aussi dans les salles et les théâtres, dont le célèbre Royal Albert Hall de Londres.

Lorsqu'il pratiquait la médiumnité physique en transe avec ectoplasme, les séances étaient extraordinaires. Cette transe est une faculté de matérialisation d'un défunt grâce à un ectoplasme qui sort du ventre du médium.



---

* Sheila French est titrée par le mouvement spiritualiste. « DSNU et Enseignante de l'AFC » qui signifie, Qualification Université DSNU et également DSNU en expression orale et démonstration. Elle est également professeure de transe agréée par l'AFC.

Cette substance se matérialise jusqu'à ce qu'un défunt apparaisse dans la salle lors de la séance, puis il se déplace jusqu'à la personne concernée, afin d'être réuni avec ses proches et de pouvoir dialoguer un instant. Pour pouvoir pratiquer la médiumnité physique en transe avec ectoplasme, il y a des préparations et bon nombre de précautions à prendre.

Tout d'abord, les médiums se mettent dans des cabines, ou une pièce qui est assez sombre pour que le monde spirituel puisse s'exprimer au mieux. Ce genre de médiuminité n'est pas sans risque et la pièce où elle est pratiquée doit être extrêmement propre, car chaque particule qui traine sera aspirée et ingérée par le médium après la fin du contact, car l'ectoplasme retourne dans le ventre du médium.



Il faut savoir que la matérialisation est rare et exceptionnelle. À ce jour, aucun médium n'a réussi ce type d'expérience depuis Gordon. Ceux qui ont croisé sa route ont été impressionnés par son humilité, son engagement et sa grandeur spirituelle. Il a laissé bon nombre d'enseignements à travers des vidéos et des ouvrages. Il a également ouvert la voie à de nombreuses autres personnes qui ont suivi son enseignement. Je vous laisse le témoignage d'un de mes enseignants du collège qui avait été l'un de ses élèves et qui avait assisté, comme d'autres, à une séance de transe de Gordon Higginson.

*« Il y avait des lumières rouges lumineuses, nous pouvions voir clairement ce qui se passait. Mon professeur, Gordon Higginson, était assis en état de transe, ce qui veut dire qu'il n'était pas conscient. Il réalisait quelque chose d'impressionnant, car au niveau de sa chemise, j'ai observé comme une légère fumée de cigarette ou du brouillard naissant qui sortait de là.*

*Cela grandissait en volume et en densité, jusqu'à se transformer en un nuage si épais que je ne pouvais plus le voir. Le brouillard épais s'est alors séparé en deux parties bien distinctes qui continuaient à former comme deux nuages de chaque côté de lui, jusqu'à devenir des bras, puis des mains. Il s'agissait d'une matérialisation partielle.*



*L'émanation du corps du médium, au lieu de monter, est tombée au sol comme une grosse flaque et de cette flaque s'est matérialisé un enfant qui s'est dirigé à l'autre bout de la salle pour aller trouver sa mère vivante et lui parler.*

*Cet enfant était décédé depuis quelques années, puis après avoir échangé quelques mots, il est retourné vers le médium, s'est évaporé sur le sol puis est revenu dans le corps du médium.*

*Dans ce cas-là, il s'agissait d'une matérialisation complète. »*

Mon amie Helen Davita, professeure médium du collège Arthur Findlay, est venue en Alsace donner des séminaires et faire une démonstration publique. Je me souviens de ce moment si fort et si impressionnant. Nous étions en connexion avant la soirée, sur un sujet où nous cherchions des réponses qui étaient d'ordre personnel. Puis, lors de sa transe, son visage s'est transformé et j'ai vu un loup apparaitre. Je me suis frotté les yeux plusieurs fois avant de comprendre que cela était réel, je n'étais pas la seule à l'avoir vu.

Après la séance, j'ai été incroyablement étonnée, car j'entendais des réponses lors de sa connexion avec l'esprit. Je lui en ai fait part et à sa grande surprise, elle aussi, avait eu ces mêmes réponses. Je lui ai demandé de m'écrire un email que je vous retransmets dans son intégralité concernant le processus et ce qui s'est passé ce soir-là.



*« Bonjour Bernadette,*

*C'est merveilleux que tu écrives un autre livre et je te souhaite beaucoup de succès.*

*Je me souviens d'avoir fait une démonstration ce soir-là en France. C'est au même endroit que nous avons mangé les asperges géantes au déjeuner, qui étaient délicieuses. Mes visites chez toi étaient très spéciales et j'ai beaucoup de souvenirs fantastiques grâce à toi. J'ai toujours la plume d'aigle dans mon bureau que tu m'as offerte.*

*Cette nuit-là, il s'agissait donc d'une démonstration de transe et d'une médiumnité mentale. Mais dans le passé, de nombreuses personnes avaient rapporté avoir vu une transfiguration pendant mes démonstrations de transe. C'était déroutant, car la transfiguration est une médiumnité physique.*

*Tout ce que je peux dire, c'est que je m'asseyais pour mélanger mon esprit avec le monde spirituel dans la médiumnité en transe, et parfois spontanément, la transfiguration était rapportée.*

*Je n'ai jamais prétendu que je faisais quelque chose de spécial ou qu'il s'agissait d'un type de médiumnité. Tout ce que je savais, c'est que j'aimais être en état de transe, sentir la puissance de l'esprit près de moi et, lorsque je le demande pour le plus grand bien, je peux être un instrument permettant à l'esprit de s'exprimer.*

*Pendant cette période, je ne suis généralement pas consciente de ce qui m'entoure et je n'ai aucun souvenir de ce qui s'est passé. Il peut même y avoir des moments où rien ne semble se produire, mais je m'assois en transe et je demande à l'esprit si je peux être un instrument de communication.*



*J'ai décidé de m'asseoir publiquement dans la lumière rouge pour plusieurs raisons. S'il était vrai que la médiumnité physique se produisait, il existait plusieurs théories selon lesquelles elle se produisait dans l'obscurité totale, à la lumière du jour ou à la lumière rouge.*

*Théoriquement, si le phénomène de la médiumnité physique de transfiguration devait se produire, une substance connue sous le nom d'ectoplasme serait produite pour faciliter la formation de visages devant le visage du médium. L'une des raisons de la lumière rouge est tirée de mon livre,* The Art & Science Of Clairvoyance *(L'art et la science de la clairvoyance).*

*L'ectoplasme réagirait négativement à la lumière ultraviolette. Certains médiums physiques font état d'effets négatifs et dommageables de l'ectoplasme réagissant à la lumière. Le rayon de lumière rouge filtre les rayons ultraviolets, ce qui devrait en théorie rendre l'ectoplasme inoffensif pour le médium, si ce dernier est assis dans des conditions de lumière rouge. L'ancienne méthode de traitement des photographies en est un exemple. Si le papier photographique est développé à la lumière rouge dans une chambre noire, les photos ne sont pas altérées par la lumière du jour ou les rayons ultraviolets artificiels.*

*Une autre raison d'utiliser la lumière rouge est que j'ai constaté que je me détendais et que je restais plus longtemps dans un état de conscience plus profond. Cela pourrait s'expliquer par le fait que nous produisons plus de mélatonine dans l'obscurité, ce qui nous aide à dormir. Lorsque la lumière ultraviolette frappe la rétine de l'œil, nous nous réveillons et restons éveillés plus facilement. Mais si nous prenons un supplément de mélatonine ou si nous ne recevons pas de rayons ultraviolets, nous nous détendons et entrons dans un état de conscience plus profond, car le cerveau est trompé par l'augmentation de la mélatonine et réagit comme s'il faisait nuit.*

*En Allemagne, une journaliste a été invitée à un événement similaire. Elle a demandé à m'interviewer le lendemain et a publié un article à ce sujet dans le journal. Son scepticisme a été profondément ébranlé par le fait qu'elle a constaté, tout au long de la manifestation, que mon visage était celui d'un homme hawaïen. Il n'a disparu que lorsque je suis redevenue pleinement consciente. Elle en a parlé dans son journal de manière très positive et honnête.*

*Ton expérience de la vision d'un loup a une grande signification pour moi. Au cours de nombreux voyages chamaniques et de méditations, j'ai souvent conscience de la présence d'un loup. Je crois qu'il s'agit d'un guide.*

*Bien que je ne puisse pas prétendre être un médium à transfiguration physique, j'ai eu de nombreuses expériences qui semblent correspondre à cette forme de médiumnité. Tout ce que je peux dire, c'est que je m'asseyais pour la transe et que j'ajoutais la lumière rouge au cas où l'une des théories serait correcte. Je laisse les personnes présentes juger de l'expérience. Mais je n'ai aucune prétention, j'aime simplement m'asseoir avec les esprits. Helen Davita. »*



## Une séance chez les spiritualistes

Chez les spiritualistes, lorsque l'on demande une séance, il ne s'agit pas de mélanger voyance et médiumnité. D'ailleurs ils ne font pas de voyance, on appelle cela de la guidance. Lorsque vous demandez une séance, ils vous proposeront soit une séance de contact d'évidences/communication avec un défunt, soit une séance de guidance/lecture d'âme ou de guérison. Vous ne pourrez pas non plus obtenir un mélange dans vos séances. Il y a beaucoup de médiums qui décrédibilisent cette pratique en France, malgré les cours reçus pour certains au collège ou même par les propres spiritualistes.

Les personnes confondent aussi deux pratiques bien distinctes que sont le spiritisme et le spiritualisme. Ces deux mouvements sont totalement différents.

Je vous laisse découvrir l'explication de Monsieur Charles Kempf, du Centre spirite lyonnais Allan Kardec, et que je remercie pour ses éclaircissements concernant les spirites.



*« Il y a beaucoup de points fondamentaux communs entre le spiritisme et le spiritualisme moderne. L'existence de Dieu, les attributs de Dieu, l'existence de l'âme et sa survie après la mort, son évolution, la communicabilité des Esprits avec les humains par l'intermédiaire des médiums, l'approche scientifique et rationnelle de la phénoménologie. En ce qui concerne les différences principales : Les spirites croient en la réincarnation ou la pluralité des existences de l'âme sur la Terre, comme moyen d'évolution de l'âme et qui permet d'expliquer les inégalités que l'on observe entre les humains sur Terre.*

*Le spiritisme n'est pas une religion dans le sens courant du terme. Les spirites ne se réunissent pas dans des "églises" comme les spiritualistes. Les spirites n'imposent et n'adoptent aucun dogme, ne pratiquent aucun rituel et il n'y a pas de hiérarchie dans le mouvement spirite. Néanmoins, le spiritisme suit une morale universelle, déduite de l'observation des phénomènes et basée sur les lois de la nature et qui se retrouve à la base de pratiquement toutes les religions traditionnelles. Par ailleurs, il y a plusieurs variantes de pratiques spirites, notamment au Brésil où le spiritisme s'est "religiosifié" (voir la thèse de Claire Souillac à l'Université Sorbonne Nouvelle, Paris 3, soutenue le 26 juin 2018). Les spirites ne pratiquent pas la médiumnité vénale, et ne demandent aucune rétribution, "donnant gratuitement ce qu'ils reçoivent gratuitement" de la part des Esprits. Vendre la médiumnité qui dépend des Esprits revient à vendre quelque chose dont on ne dispose pas. Ils ne recherchent pas non plus forcément des preuves d'identité ou des liens de parenté avec les Esprits qu'ils reçoivent, en raison des difficultés de les obtenir avec certitude. Leur but principal est d'aider, de soulager, de pratiquer la charité. Les preuves d'identité ne sont obtenues que lorsqu'elles sont données spontanément par les Esprits communicants. Les spiritualistes chercheront à établir un contact avec un Esprit en lien avec celui qui vient consulter, et les consultations sont payantes.*

*Les spirites connaissent l'influence des médiums et du milieu dans les réunions médiumniques, qu'ils commencent par des prières de protection et d'évocation des guides spirituels. Ils savent que personne n'est à l'abri d'interférences d'Esprits peu évolués ou du bas-astral, mais l'étude et le discernement, par l'analyse scrupuleuse des communications obtenues, permettent de les détecter et d'assurer une pratique médiumnique sûre. Amitiés. Charles Kempf.* »

Chez le spiritualiste, le principe est : vous partez d'un endroit de lumière et d'amour vers un endroit d'amour, donc avoir de l'amour en soi pour aller vers l'amour du monde spirituel, c'est-à-dire monter en énergie d'amour vers l'énergie d'amour du monde spirituel.

En clair, vous travaillez avec la lumière et vous êtes dans la lumière, donc automatiquement protégé. Il faut dire aussi que le spiritualisme moderne évolue et continue son évolution grâce à des médiums confirmés et reconnus par la SNU, décédés à ce jour, mais qui continuent de donner des informations et des messages à des médiums pour faire évoluer la religion spiritualiste.



Les spiritualistes croient en Dieu et acceptent bien sûr que beaucoup de personnes n'y croient pas. Vous pouvez être athée tout en étant médium. Vous pouvez être agnostique et médium. Le spiritualisme, comme toute autre religion, est reconnu par l'État comme officiel. C'est la 7e religion d'Angleterre.

La Spiritualist National Union est présente sur bon nombre de continents et compte près de 350 églises. Être spiritualiste signifie que la médiumnité a été développée et a évolué dans le contexte de la religion spiritualiste. Les spiritualistes utilisent leur médiumnité durant les services religieux, et donc le médium (que l'on appelle le ministre) peut être au service et diriger une messe ou un mariage. Une ou deux fois par semaine, les personnes venant de l'extérieur peuvent assister à ces séances publiques pour recevoir des communications venant du monde de l'esprit.

Les églises sont généralement le premier endroit où les gens se rendent lorsqu'ils sont en deuil ou ont besoin de réponses à ce qui se passe dans leurs vies.

Ces pratiques n'existent pas chez les spirites. Ils se réunissent dans des centres spirites, à l'aspect simple et fonctionnel, qui proposent différentes activités publiques gratuites d'étude, de conférences, de passes magnétiques, de magnétisation d'eau, d'écoute « fraternelle » pour des personnes en deuil, en difficultés ou qui ressentent des perturbations spirituelles, etc. Certains centres admettent des visiteurs lors des réunions médiumniques, mais la plupart les organisent en cercle fermé, avec des participants connaissant la philosophie spirite, formés aux pratiques médiumniques, et qui ont une communication d'intention pour le bien. Il y a donc des différences notables entre le spiritisme et le spiritualisme quant aux pratiques.



Au Brésil, nous parlons de spiritisme et le mouvement a pris de l'ampleur (près de 30 millions de sympathisants), en acquérant les caractéristiques d'une religion. Dans ce pays, les religions chrétiennes sont plus libres et indépendantes des hiérarchies, notamment du Vatican, et la religion y bénéficie encore d'une appréciation positive par la majorité de la population, contrairement à ce qui se passe en Europe.

Comme dans toute religion ou mouvement, il y a différentes sensibilités au Brésil, notamment une coloration bien plus prononcée du spiritisme par une forme très christique, très chrétienne, la morale universelle du spiritisme étant pratiquée selon les Évangiles, ainsi qu'une influence des traditions africaines, y compris médiumniques, apportées par les migrants esclaves des siècles passés.

Le spiritisme au Brésil a bénéficié de l'action des médiums exemplaires, comme Chico Xavier (1910-2002) canalisant divers esprits comme son guide Emmanuel et André Luiz.



La reconnaissance populaire de Chico Xavier est telle qu'il a été élu « le plus grand brésilien de tous les temps », loin devant Pelé ou Santos Dumont. On sent bien cette touche religieuse mélangée au mouvement spirite local dans le film *Nosso Lar* (Notre demeure).

Il y a plusieurs grands courants spirites au Brésil :

- La CEPA (Confédération Spirite Panaméricaine), qui est une fédération pour un spiritisme laïque, progressiste et évolutive.
- La FEB (Fédération Spirite Brésilienne), qui revendique une certaine hégémonie au Brésil : Kardéciste, traditionaliste et très engagée religieusement.

- L'Alliance Spirite Évangélique, dont la tendance est encore plus religieuse, formant des « apprentis de l'évangile », et qui anime de nombreuses actions caritatives.
- La CONCAFRAS - Auta de Souza, également à forte connotation religieuse et qui organise des rencontres fraternelles internationales.
- La FEESP (Fédération Spirite de l'État de São Paulo) dont le siège est un immeuble de 8 étages, disposant de plusieurs dizaines de salles où sont menées en continu diverses activités spirites.

Depuis des millénaires, toutes les religions puisent leurs concepts fondamentaux dans des faits médiumniques ou paranormaux et dans le spiritualisme d'une manière globale. Ces mêmes faits, universels car naturels, ont été étudiés plus rationnellement depuis la moitié du 19ᵉ siècle par les spiritualistes et les spirites, ainsi qu'au 20ᵉ par les métapsychiques et les parapsychologues. Aujourd'hui, ces études ne sont toujours pas reconnues par la majorité de la communauté scientifique, qui persiste dans un paradigme matérialiste réducteur, qui considère, comme un dogme, qu'il n'existe rien en dehors de la matière tangible à laquelle elle limite ses travaux.

Les spirites et les spiritualistes se distinguent par des concepts supplémentaires comme la réincarnation et la médiumnité, qui ne sont pas forcément adoptés par tous ces autres mouvements religieux traditionnels, qui conservent une approche dogmatique.

L'approche d'Allan Kardec, plutôt que de chercher à réconcilier les religions traditionnelles avec la communauté scientifique, semble aujourd'hui encore une mission impossible. Il a préféré prendre le meilleur des religions, qui sont les lois morales universelles, et les unir dans un concept nouveau qu'il a dénommé spiritisme. Il a pris soin de rejeter les aspects sujets à discussion, comme les dogmes, les rituels, la hiérarchie sacerdotale, l'exclusivisme et la recherche d'hégémonie que l'on retrouve dans les religions, ainsi que l'athéisme, le matérialisme et l'orgueil que l'on retrouve dans les milieux scientifiques. En clair, tous les spirites sont des spiritualistes. Mais tous les spiritualistes ne sont pas des spirites. On a un ensemble de concepts dans lesquels se retrouvent de très nombreux mouvements, mais les spirites se distinguent par des concepts complémentaires qui ne sont pas forcément adoptés par la majorité de ces autres mouvements. À savoir : quiconque croit avoir en lui autre chose que la matière est spiritualiste. Chaque personne croyant en Dieu est spiritualiste.



Pour revenir aux enseignements du collège Arthur Findlay, c'est un lieu de référence et une école réputée dans le monde entier. Des étudiants viennent de par le monde. La bienveillance est de mise et notamment pour certains nouveaux étudiants qui peuvent être dans une forme de stress et de nervosité. Ce qu'il faut savoir et retenir, pour les spiritualistes, est qu'il n'y a pas de danger dans la médiumnité. Il n'y a rien à craindre tant que c'est fait de manière correcte.

Dans les ateliers pratiques, le collège enseigne aussi la théorie et la philosophie. Il est nécessaire d'avoir une bonne base, expliquant pourquoi les enseignants font certains exercices, pour une compréhension plus approfondie de la manière dont cela doit être pratiqué.

Pour en revenir aux premières heures du spiritualisme, en particulier les 50 premières années, la médiumnité était quelque chose de spontané chez les gens. Il existait des petits cercles privés de médiums mais il n'y avait pas encore d'écoles pour de futurs médiums. Un médium du collège m'avait expliqué qu'à l'époque de la guerre, n'ayant pas de nouvelles des hommes partis, certaines de leurs femmes se réunissaient pour contacter l'esprit de leur mari afin de savoir s'il était toujours en vie.



En 1910, l'Union Nationale des spiritualistes créa une école par correspondance où les personnes recevaient des cours et pouvaient étudier. Ils envoyaient leurs tests par courrier. Ensuite, en 1916, ils ont commencé à délivrer des certificats et des diplômes dans diverses catégories de médiumnité.

À partir de cette période-là, ils ont commencé à formaliser les choses. Ils disent avoir une longue expérience dans la formation de médiums, dans leurs évaluations et dans la délivrance de certificats reconnus mondialement.

Mais ce n'est qu'en 1960, après avoir hérité de cette immense demeure victorienne d'Arthur Findlay, avec de grandes salles d'apparat et un magnifique parc, que les spiritualistes ont pu établir une résidence et porter leurs enseignements à un niveau supérieur.

Dix années minimum sont requises pour tous les professeurs, et souvent ils enseignent par niveaux. Ils abordent l'étude de sujets divers et très variés, de différents genres de médiumnité et de spiritualité, pour offrir aux élèves une palette assez vaste. Le programme est généralement intense et assez complet. Il faut absorber beaucoup de connaissances. De nouvelles expériences sont à intégrer et à digérer.



Il y a deux sortes de médiums. Ceux qui ont des facultés naturelles et des expériences dès leur plus jeune âge, comme moi. Généralement, ils sont assez effrayés par ce qui leur arrive et par leurs capacités qu'ils ne maîtrisent pas.

Les médiums qui ont ces capacités naturelles peuvent également tirer profit de ces enseignements afin de les aider à les comprendre et les contrôler. Le collège enseigne aussi, lorsque cette médiumnité déborde, voire à devenir ingérable chez certaines personnes, comment l'allumer et comment l'éteindre. Les spiritualistes vous apprendront comment travailler avec et quelles sont également toutes les responsabilités qui en découlent. Vivre avec sa médiumnité le plus simplement et naturellement possible.

Votre esprit ne doit pas devenir une station ouverte 24 heures sur 24, car ce n'est pas la médiumnité qui guide votre vie, c'est vous qui guidez votre médiumnité, lorsque vous le décidez. Aucun esprit ne doit vous imposer quoi que ce soit.

Pour les spiritualistes, la médiumnité est une faculté naturelle inhérente à l'esprit humain.

Des personnes du monde entier, au-delà de toutes religions ou de leurs cultures, qu'elles soient athées ou agnostiques, vivront des expériences psychiques, médiumniques, qu'elles expérimenteront probablement un jour dans leur propre vie comme : des visions spontanées de personnes décédées, des flashs, des prémonitions, ou également suite à des traumatismes, comme la perte d'un être cher.



Elles se demanderont si tout cela est bien réel ou si c'est le fruit de leur imagination. Certaines continueront leur petit bout de chemin et d'autres se poseront alors de plus en plus de questions et auront besoin de comprendre. Elles chercheront des explications dans les livres ou des témoignages. Elles sentiront ce besoin de se nourrir spirituellement.

Ensuite, elles trouveront le chemin d'une école ou d'un séminaire pour avoir des réponses à leurs questions et pour continuer à expérimenter leurs facultés.

Les enseignements vous aident à comprendre le fonctionnement de la vie, mais aussi la mort jusqu'à la re-naissance. Cette quête change profondément votre perception de la vie, son sens et ce pourquoi vous vous êtes incarné. Mais cela peut changer aussi la vie de certaines personnes qui vivent dans des souffrances comme le deuil ou la maladie. Je me souviens lors d'un séminaire de transe que j'avais donné, que je me laissais envahir doucement par mon guide, tandis que je sentais arriver son énergie de plus en plus près de moi.



J'étais en train de donner des explications concernant le cours, quand soudain, je me suis mise en transe. J'ai dit à ce moment au groupe d'élèves qui était assis en cercle de mettre une chaise au milieu de la pièce. Puis je leur ai tourné le dos. C'est à ce moment-là que je suis entrée en communication avec un défunt et une personne du groupe. J'ignorais totalement de qui il s'agissait et je ne devais pas m'en préoccuper sur ordre de mon guide. Dans cet exercice inattendu et sur demande de mon guide, très vite une personne a compris les preuves et reconnu l'esprit. J'avais dit préalablement aux étudiants : « Dès que vous reconnaissez le défunt, vous vous assoirez sur la chaise placée au milieu du cercle. »

Le contact se poursuivait et en même temps, une énergie de guérison arrivait pour l'étudiant, mais aussi pour le défunt. Je vivais cela comme une séquence d'un film où deux êtres se retrouvent pour se pardonner mutuellement. Puis l'esprit s'éloigna et progressivement, je revenais de ma transe sans savoir ce que j'avais donné comme information. C'était une séance forte en émotion et riche en apprentissage. Je vous livre le témoignage de la personne qui a vécu cette fabuleuse expérience.

*« Voici le témoignage d'Isabelle,*

*Petite âme un peu perdue dans ce monde où tout va trop vite, pas toujours facile de comprendre ce qui s'y passe.*

*Isabelle, la soixantaine, mon mari a décidé de nous quitter en décembre 2018.*

*J'ai depuis toujours pensé à une vie après la mort, car je pense que l'énergie ne peut pas mourir, elle circule, se transforme et ne s'arrête jamais. Ma grand-mère maternelle était durant de nombreuses années présente dans mes rêves, elle était là pour me rassurer et m'apporter de l'amour. Ma maman est très réceptive aux phénomènes dits paranormaux.*

*Depuis quelques mois, j'ai intensifié mes lectures sur le spiritisme, la vie parallèle, et l'Univers m'a amené tout naturellement vers Bernadette via son livre, ses CD de méditation, son site et là, j'ai découvert ce que je cherchais.*

*Sans me poser de questions, j'ai participé à mon premier stage de transe (guérison, parlée et écrite) intuition et médiumnité, organisé par Bernadette sur deux journées.*

*J'avais vraiment hâte de la rencontrer car je savais que quelque part j'aurais un message, une info, mais je n'en attendais pas plus. Cela a été de très belles rencontres, complètement inattendues, des personnes venues des quatre coins de la France. Toutes étaient en quête d'informations, de messages et de partage. Personnellement, je n'ai aucune expérience dans le domaine spirituel, juste des ressentis, mais ne sachant pas trop comment faire et ni en comprendre le sens.*



*Lors de notre séminaire, nous avons tous été accueillis comme si nous étions des amis de longue date et cela m'a de suite mise à l'aise dans le groupe. Nous avons longuement échangé, fait des exercices pratiques de lâcher-prise, de méditation, de clairvoyance, de médiumnité, d'écriture inspirée, et appris à voir l'aura.*

*Tout un programme intensément riche en découvertes. Bernadette m'a réservé, sans le vouloir, une belle surprise lors de la 2e journée du stage concernant une transe guérison qu'elle était amenée à faire avec nous. Cet après-midi-là, elle était extrêmement perturbée par son guide. Son emploi du temps a pris une toute autre tournure que celle prévue initialement. Nous étions tous dans l'attente de la suite du programme, lorsque Bernadette, très ennuyée, nous informa qu'elle allait être dans l'obligation d'effectuer un changement de programme demandé par son guide.*

*Il lui a fallu quelques instants pour interpréter et comprendre ce retournement de situation, car une âme décédée était présente parmi nous et avait un besoin impérieux de faire passer un message et avait besoin d'aide.*

*Bernadette nous a informés que dans le cadre des formations, il pouvait arriver que son guide en décide tout autrement et là, c'était le cas. Elle s'est donc mise en transe avec le monde spirituel et allait donner la parole à une âme décédée qui s'était invitée pour laisser un message à l'un d'entre nous.*

*Nous étions tous concentrés, les yeux fermés et écoutions attentivement les paroles qui n'étaient plus sous le contrôle de Bernadette, et devions reconnaître à qui était destiné le message. Si l'un d'entre nous se reconnaissait, il était prévu que l'on s'assoit discrètement sur la chaise située au milieu du groupe.*



*Ce n'était plus notre médium qui dirigeait la conversation, mais l'âme décédée qui avait pris la parole, et voilà que ma vie défilait en quelques instants ainsi que les messages de mon défunt mari.*

*Tout est allé très vite, j'ai reconnu presque immédiatement qu'il s'agissait de mon époux décédé. Je me suis levée et assise sur la chaise comme prévu. Puis, il a été demandé à l'ensemble des personnes présentes d'apporter de la lumière, de l'amour aux deux âmes souffrantes (mon âme et celle de mon mari) et que l'âme défunte puisse s'élever vers la lumière.*

*Bernadette est sortie de sa transe, ne se souvenant absolument pas de ce qui s'était passé. J'ai été très émue par ce qui venait de se produire. Bernadette ne pouvait absolument pas connaître ma vie et celle de mon défunt mari, c'était hallucinant de vérité.*

*J'en suis sortie extrêmement apaisée et j'ai remercié tous les participants du séminaire pour leur aide apportée lors de cette transe guérison. Ça a été une expérience unique et enrichissante. Je ne remercierai jamais suffisamment Bernadette pour son écoute, sa simplicité, son amour pour les autres.*

*Merci Bernadette. »*



Enseigner la médiumnité est passionnant. Cela implique une grande responsabilité. La bienveillance est de mise et poser un cadre est essentiel. La discipline est un facteur important pour nous-même concernant l'utilisation de nos facultés et de nos compréhensions, mais aussi pour se connecter avec d'autres dimensions. Le respect et les valeurs jouent un rôle primordial pour avancer sur ce chemin d'évolution. En tant que médium enseignante, je ne dois pas seulement avoir la capacité d'établir des connexions avec le monde spirituel ou de fournir aux étudiants des outils lors des exercices. Je me dois aussi de comprendre leurs peurs, leurs angoisses et leurs croyances avec ce monde parallèle qui souvent les effraie pour les amener vers d'autres compréhensions au travers d'expériences positives. Il y a également des personnes qui pensent savoir, mais qui ne maitrisent pas leur outil médiumnique. Il ne suffit pas simplement d'avoir des flashs.

Je remarque souvent dans mes séminaires que certaines personnes pensent avoir une compréhension correcte de l'interprétation de ce qui leur a été donné, et ils commettent beaucoup d'erreurs en distribuant à des personnes vulnérables des messages.

Je suis très attentive à cela. Le langage du monde spirituel est un langage très simple et très complexe à la fois. Cela prend quelques fois beaucoup de temps pour comprendre la finesse de leurs messages. C'est cela que l'on vient essentiellement apprendre. Avoir des flashs est facile, en décoder les messages est bien plus délicat. C'est également un entrainement. Plus vous pratiquerez et mieux vous comprendrez les messages apportés de l'au-delà.



Voici un message d'un consultant :

*« Lorsque Bernadette m'a parlé de son projet d'écrire un nouvel ouvrage sur ses capacités médiumniques, je lui ai proposé de partager mon expérience en tant que client.*

*Le plus important réside dans les révélations que Bernadette a faites sur mon avenir et qui se sont avérées exactes au fil du temps. Notre première rencontre a eu lieu en septembre 2012. Cette séance médiumnique s'est déroulée à son cabinet. N'ayant pas d'enregistreur sur moi ce jour-là, contrairement aux séances suivantes, je me suis contenté de prendre des notes que j'ai précieusement gardées pour pouvoir m'y référer à tout moment. Cette séance restera mémorable à tout jamais, puisqu'elle a littéralement bouleversé ma vie.*

*D'emblée, Bernadette me ressent comme un traducteur, un transmetteur. Au-delà des informations très justes et subtiles qu'elle me donna sur ma personnalité, elle m'annonça qu'elle me voyait en train de soigner des personnes à mon domicile. Cette révélation fut une énorme surprise pour moi, puisque le métier que j'exerçais à ce moment-là n'avait rien à voir avec la santé. Cela faisait bien vingt-quatre ans que j'étais formateur spécialisé dans le monde de la micro-informatique et que j'avais donné des cours de guitare en parallèle pendant une quinzaine d'années. Très rapidement, Bernadette fit le lien avec une de mes vies antérieures. Les connaissances et les capacités acquises dans cette vie antérieure étaient en moi et j'allais pouvoir les utiliser à nouveau dans ma vie actuelle. Avec du recul, cette nouvelle faisait malgré tout écho en moi.*



*Bernadette était très claire dans ses propos : dans les années à venir, j'aiderai psychologiquement et spirituellement, par le biais de la parole et de l'énergie, les personnes qui me solliciteront. Elle rajouta que j'intégrerais une structure qui n'existait pas encore à ce moment-là.*

*Avant de démarrer cette activité, il me sera nécessaire de travailler mon hypersensibilité afin de ne pas être affecté par le mal-être d'autrui. Ce travail pourrait prendre quelques années.*

*C'est en novembre 2014 que je rencontrai pour la deuxième fois Bernadette pour une nouvelle séance médiumnique. Cette fois-ci, elle alla plus dans les détails concernant mon activité en devenir et me donna davantage de conseils pour y arriver. Elle insista également sur mon hypersensibilité, qui est un grand plus pour ressentir ce qui ne va pas chez les gens à accompagner. Il serait intéressant pour moi de suivre des stages, des formations afin de savoir comment pratiquer au mieux mon activité. Elle me conseilla de suivre des stages de transe guérison, voire de transe parlée par exemple. Les gens me solliciteront lorsque je serai prêt. Elle vit que, dans un premier temps, cette activité serait un à-côté de mon métier actuel. La bascule vers un plein-temps se fera bien plus tard. Elle me dit également qu'elle voyait beaucoup de monde venir chez moi et qu'une pièce était déjà réservée. Tout cela se mettrait en place avant les dix prochaines années.*



*En avril 2016, Bernadette organisa un stage de trois jours sur la transe guérison. Je m'y inscrivis sans hésiter ! C'est durant ce stage que je me liai d'amitié avec elle. Ce stage me bouleversa considérablement, car j'y ai expérimenté la force de la guérison par le biais de l'énergie. Cette énergie que l'on arrive à transmettre en état modifié de conscience. Cette énergie qui vous secoue divinement lorsqu'elle vous traverse.*

*La troisième séance avec Bernadette eut lieu en février 2018 par téléphone. J'étais en train de finir une formation certifiante. Je sollicitai Bernadette pour m'assurer que tout ce qu'elle m'avait annoncé depuis ces dernières années se mettait bel et bien en place. Elle m'annonça qu'une fois bien installé dans mon activité – j'y arriverai bien avant ma retraite – je serai mis en relation avec une autre personne qui me fera une proposition de collaboration. Elle me vit également travailler avec des groupes de personnes, en intervention sur des forums, des séminaires et des conférences. Cette activité, je la ferai jusqu'à ma mort !*

*La dernière séance à ce jour avec Bernadette se déroula par téléphone en octobre 2021. Nous étions encore en période COVID et certains projets avaient du mal à se mettre en place ou avaient tout bonnement pris fin. D'emblée, Bernadette m'annonça que j'allais échanger avec une femme habitant très loin de chez moi pour une future association. Elle me détailla les thèmes abordés bien qu'elle n'en maîtrisait pas leurs teneurs. Elle me précisa de patienter, tout se fera en temps voulu...*



*Aujourd'hui, je peux confirmer que tout ce que Bernadette m'avait annoncé depuis octobre 2012 s'est effectivement réalisé. J'ai quitté mon métier de formateur avant de faire valoir mes droits à la retraite. La bascule vers mon activité à plein temps s'est faite fin juillet 2021. Je suis retraité actif depuis mai 2022. En avril 2022, je me suis inscrit à une formation certifiante de coach holistique. Cette formation a démarré en octobre 2022 pour une certification en juillet 2023. Je tiens à remercier infiniment Bernadette pour tout ce qu'elle a pu ap-*

*porter dans ma vie. Ses visions, sa clairvoyance, ses conseils, sa sincérité, son humanité et son humilité ont été prépondérants dans les choix que j'ai faits dans ma vie au cours de ces dix dernières années.*

*Merci pour qui tu es, Bernadette, tu es vraiment une très belle et lumineuse personne !*

*Dominic Wagner.* »

Nous devons comprendre aussi que tout ce qui nous arrive n'est pas forcément lié à la médiumnité ou au monde des esprits. Le mental est bien plus puissant dans ce qu'il peut vouloir manifester quelquefois,  que ne l'est le monde des esprits lorsqu'il se manifeste à travers nous.



Lors d'une de mes récentes consultations, un homme affolé est venu à moi, soi-disant pour une dernière séance. Je lui ai posé la question de pourquoi cette dernière, en comprenant que derrière cette phrase se cachait quelque chose de malsain. Il m'a expliqué qu'il avait été voir un thérapeute qui « canalisait des anges ». Il lui avait annoncé que son malêtre, ses pensées de mettre un terme à sa vie, ne devaient pas être une source de crainte, car les anges et les êtres de lumières étaient déjà là pour l'accueillir, car son suicide était pour bientôt, et qu'il était déjà attendu. En sachant ce que vivait cette personne, j'ai été choquée d'entendre de tels propos ! Comment peut-on croire à la stupidité de ce genre de thérapeute ? Et en même temps, cela peut se comprendre lorsque l'on est complètement désemparé et vulnérable. J'étais tellement en colère après cette séance. Combien de fois, lors de mes consultations, j'entends des récits et des imbécillités donnés par certains médiums, voyants ou thérapeutes. Ce sont des personnes dangereuses et immorales qui ne devraient plus avoir le droit de recevoir du public.

Le pouvoir et la puissance de l'esprit humain sont immenses, alors je continuerai de vous dire d'utiliser votre bon sens et votre discernement. Ne croyez pas, ne prenez pas, si cela ne résonne pas en vous. Je ne cesserai de le répéter dans mes cours et dans mes enseignements. Si cela résonne en vous, servez-vous-en et sinon, laissez-le devant la porte.



Je n'ai pas la vérité infuse, je ne suis pas Dieu le père, je détiens une part de vérité et elle m'appartient, je la partage, c'est à vous d'entendre dans votre cœur si cela est bon pour vous. Un enseignant disait : « Il y a trois vérités : ta vérité, ma vérité et la vérité. »

Développer la médiumnité est un bel outil pour soi-même, pour sa propre évolution. Souvent j'entends des personnes dans mes consultations me dire : je vais quitter mon travail parce que je veux être au service des autres. Ce qui est une noble cause, mais cela implique aussi une grande responsabilité, un travail sur soi et une connaissance de soi. On ne devient pas thérapeute pour soigner l'autre parce que l'on a besoin de reconnaissance, ou de soigner l'autre pour se soigner soi-même. Tout le monde ne peut pas non plus s'installer comme médium professionnel parce que l'on a pris quelques cours au collège ou ailleurs. Mon mentor Paul disait aux élèves : « Lorsque vous faites l'expérience d'un voyage dans l'esprit, ce n'est pas la même chose que d'avoir un don. »

L'intention derrière la médiumnité est très importante aussi à comprendre, car elle aura un impact direct sur le développement que vous pourrez obtenir. Il s'agit d'être au service de la source divine, du monde spirituel et des gens de ce monde. Ce n'est pas un chemin facile et simple. C'est un chemin semé d'embûches, il y a des responsabilités, des conséquences et surtout un profond travail en soi.



Cette voie nous emmène bien plus à un questionnement profond pour le développement de notre vie intérieure et spirituelle. Notre devoir fondamental est d'aller à notre propre rencontre, bien avant d'aller à la rencontre de l'autre. Ce qui est encore plus important, c'est notre cheminement personnel dans l'évolution de ce que nous sommes. L'amour de soi, la confiance sont des atouts majeurs pour cet avancement. Les bases sont de commencer par prendre conscience de soi-même, puis des autres, pour ensuite aller vers le monde spirituel.

Cela se fait pas à pas, étape par étape, et à son propre rythme.

Mes deux parents avaient des facultés. Des capacités m'ont été données à ma naissance, sans mode d'emploi, alors il est vrai que je suis partie dans la vie avec un atout majeur, avec cet outil médiumnique, mais ce n'est pas pour autant que le chemin a été simple. J'ai dû débroussailler et comprendre des choses avant de pouvoir en tirer profit. C'est le développement de ma vie spirituelle qui a fait grandir en moi toutes ces perceptions.

Un jour, lors d'une séance en transe médiumnité, un guide m'a transmis ce message :

*« Petite, tu te comparais souvent aux autres, car tu voyais déjà cette différence entre toi et les autres. La rencontre avec ta médiumnité s'est faite si naturellement que tu n'avais pas besoin de poser de questions. Tout était déjà en toi, c'est comme si on t'avait livré un package complet. Bien sûr que le désir de vouloir te développer et de progresser était en toi. Mais tu n'as pas cette obligation de continuer d'apprendre, c'est plutôt de vivre les expériences qui importe.*

*Peut-être te demandes-tu, concernant ta médiumnité, et si je me compare à d'autres, où me placerais-je ? Nous devons te dire que le premier jour de ta vie où tu as dit : je crois au monde spirituel, c'est à ce moment-là que tu as validé et c'est tout ce que nous t'avions demandé, rien de plus.*

*Tout ce que tu as fait en plus, tu l'as choisi pour toi-même. Devenir une personne publique, communiquer et être un transmetteur, un porte-parole pour le monde spirituel, c'est toi également qui as fait ces choix.*

*Tout cela est juste. Mais ce chemin n'est pas simple. Nous ne te jugerons jamais, peu importe tes décisions, contrairement à certains humains qui le feront. Nous ne te jugerons jamais pour tes choix ou tes pensées. Nous voulions simplement que tu te connectes à nous concernant ta foi envers nous, et cela, tu l'as fait. Cela est bien ancré en toi depuis fort longtemps maintenant. Ta peur de ne pas réussir te hante par moment, mais nous voulons te dire qu'il n'est pas possible que tu échoues.*

*Si aujourd'hui tu décidais de ne plus donner de messages, de ne plus être un porte-parole de notre monde, jamais nous ne te jugerons et jamais nous ne dirons que tu as échoué. Vas dans ce que tu désires faire et fais ressortir le meilleur de toi-même. Protège-toi de ceux qui te jugent. Nous sommes avec toi et à tes côtés. Malheureusement, nous ne pouvons pas stopper le jugement et la méchanceté des gens, mais nous pouvons t'encourager à être encore plus puissante et à sortir de l'isolement que tu ressens quelquefois. Mais aussi quand il est difficile pour toi de savoir qui est ton ami et qui ne l'est pas.*



*Ta sensibilité se décuple au fur et à mesure que se développe ta médiumnité et cela devient compliqué de devoir gérer la douleur et les déceptions.*

*La peine causée par d'autres personnes fait partie malheureusement de la nature humaine. Tu penses que si tu deviens encore meilleure que tu ne l'es déjà et que tu fais encore plus la lumière en toi et autour de toi, cela ira bien. Mais plus tu projettes la lumière et moins cela plaira à certains, car les gens ont peur de ta force, de ton pouvoir, alors ils attaquent. Toi, tu n'as jamais voulu être spéciale ou différente. Tu voulais simplement exprimer ta croyance en notre monde. Nous t'encourageons lorsque tu acceptes un contrat de bien observer la personne qui te le propose et de bien te poser la question : quelles sont ses motivations, car il y a des gens qui t'encourageront, mais qui n'auront pas les mêmes motivations que toi.*



*L'argent et le personnage public n'ont pas de valeurs, comparés à ton intégrité. Crois en ce pouvoir et cette force qui se trouvent en toi, et regarde tout le chemin parcouru et surtout garde en toi toute cette excitation et cette joie pour tout ce que tu fais. Et si tu ne sens pas un contrat ou une proposition, même si c'est important financièrement, ne le fais pas.*

*Les doutes rendent fragiles. N'aie pas peur de bien questionner les gens autour de toi pour être bien certaine de leur intégrité, et ne sois jamais effrayée de dire non à quelque chose qui semble magnifique. La puissance de ton intégrité te donnera la richesse de la vérité.*

*Vis ta vie et sois heureuse, car le vrai bonheur en soi, c'est de se dire : je suis heureuse avec ce que je possède, même si cela n'est pas suffisant. Cela te donnera la puissance de traverser tous les possibles pour réaliser tes envies et tes désirs.*

*Ce n'est pas simple de prendre des risques et de sortir de sa zone de confort, mais tout cela est bien excitant. Prends bien soin de toi. »*

Message transmis en transe par le guide d'une médium anglaise.

Même si je dis ou plutôt j'ai dit : « Si l'on me coupe les ailes de ma médiumnité, je ne verrais pas pourquoi je continuerais mon chemin ici-bas », aujourd'hui, j'ai pris conscience que quoi qu'il se passe ma médiumnité fait partie de moi et si je ne devais plus l'exercer un jour, elle sera toujours présente pour mon développement personnel. Vivre en présence du monde spirituel est fabuleux, mais ce qui est primordial, c'est de vivre sa vie avec soi-même d'abord et avant tout, en étant dans la joie et l'instant présent.



Je reçois souvent des messages de mon guide. Je sens lorsque l'énergie arrive à moi. Elle est puissante et envahissante, enivrante aussi. Il occupe l'espace jusqu'à ce que je trouve le temps pour écrire ce qu'il veut me transmettre. Il y a aussi la voix de mon âme, lorsque je fais silence en moi, j'écoute et je retranscris ce qu'elle me dit. Elle est de bon conseil dans une guidance juste et parfaite. Souvent, on me demande comment trouver son chemin ou sa mission de vie et je réponds : en vivant sa vie dans l'instant présent jour après jour, c'est déjà une mission en soi !

« Notre âme sait, notre cœur ressent, il suffit de faire confiance »

À celui qui cherche son chemin...

Il faut prendre conscience que notre âme est cette partie énergétique divine de nous qui connait le chemin. Comme une carte routière, elle ne se perd jamais, car elle sait exactement ce qu'elle vient faire ici. Ce qui nous est demandé, c'est de nous relier à notre âme pour que nous accueillions et acceptions d'accomplir les actions qu'elle nous demande.

Je le répète, elle connaît notre plan de route et ne se perd jamais. Si nous faisons des détours, c'est parce que nous n'avons pas compris. Nous nous sommes égarés non pas par hasard, mais parce qu'il était nécessaire de faire un détour ou un contournement pour notre apprentissage, voire notre protection. Il est important de comprendre que nous devons apprendre à écouter ce qu'il se passe à l'intérieur de nous, de suivre notre intuition, d'apprendre à nous faire confiance et à développer notre écoute intuitive, notre ressenti. Se rebrancher en quelque sorte à cette partie d'énergie qui est la nôtre et écouter ce que l'on reçoit.

On peut le faire en méditant ou en se laissant guider à travers des mots ou pourquoi pas de l'écrit, comme l'écriture intuitive, mais seulement lorsque nous avons fait le calme à l'intérieur de nous et lorsque notre mental est bien au repos.

Le travail pour cela est de se connecter, de se relier à notre partie divine qui connait le chemin, car la trame connait vraiment la direction de notre mission.

Concernant notre mission de vie, beaucoup de personnes s'interrogent à ce sujet et j'aimerais vous faire part de mon approche. La mission de vie, ce n'est pas forcément de chercher de grandes missions, des plans inimaginables mais simplement de vivre le mieux possible au quotidien, de faire en sorte de vous trouver, et de faciliter votre quotidien dans une harmonie et un bien-être juste pour vous-même.

Dès l'instant où l'on accepte de se mettre au service de notre âme, nous nous mettons également à notre propre service et notre mission d'âme devient claire et limpide, je dirais même évidente. Et puis les messages de vie sont fluides, surtout lorsque nous lâchons nos résistances.



Alors qu'attendez-vous ! Ne pensez pas que vous n'y parviendrez pas, simplement faites et sachez que les conseils d'autrui ne sont pas forcément justes pour vous.

Pour les personnes qui aimeraient être en relation avec leur guide, les anges, les êtres de lumière, afin d'approfondir une forme de communication et une compréhension des messages qu'ils peuvent recevoir pour eux-mêmes, il est « essence-ciel » d'être à l'écoute de votre monde intérieur.

Il est important, pour les personnes qui ouvrent la porte vers le chemin de la spiritualité et du chemin vers soi, de reprendre contact avec cette partie de l'invisible et surtout d'en prendre conscience. Pour comprendre et entendre, pour développer sa médiumnité et communiquer, il est nécessaire de se faire confiance, de rester dans sa lumière afin que votre vibration s'élève. Ce qui implique de ne pas entrer dans l'ego, dans des peurs et surtout de laisser faire l'énergie de vie et l'énergie de l'invisible. Ne forcez rien et ne vous obstinez pas à vouloir être un médium ou à vous forcer à faire quelque chose qui ne vient pas. L'intelligence divine connait le chemin.

Dans ces autres dimensions, ils ont la faculté de voir, de comprendre et de nous trouver. Il n'y a pas d'espace-temps, tout est linéaire pour eux. Ils voient le passé, le présent et le futur en même temps !



Alors que pour nous, toutes les informations ne nous sont pas données, même si certains médiums ont de grandes facultés. Mais sachez qu'ils sont, malgré cela, d'un soutien extraordinaire et qu'ils peuvent nous aider grâce à leur vision globale. Être en contact avec eux est un réel cadeau et si vous le désirez vraiment, vous pouvez fortement ressentir leurs présences.

La méditation a une grande place dans ce procédé, déjà pour calmer le mental, pour pouvoir être à l'écoute de soi.

La forêt ou la montagne sont des endroits magiques pour vous connecter et purifier votre mental, afin de mieux rentrer en contact avec eux, et avec votre âme. Il est essentiel de vous rendre disponible pour laisser venir à vous votre voix intérieure ou la communication avec les autres dimensions. C'est aussi votre disponibilité qui permettra d'augmenter la puissance de connexion jour après jour avec l'invisible. C'est important pour augmenter la résonance entre vous et cet autre monde et même juste de vous à vous.

Les moments de pleine lune sont aussi des bons moments pour vous connecter, car ils sont encore plus près de vous. L'important c'est toujours de laisser venir à vous les sensations... Chacun de vous recevra différemment les sensations, les compréhensions et chacun de vous recevra des messages à sa façon. Pour certains, cela sera plus visuel et pour d'autres plus par le ressenti, etc. Le plus important, c'est de comprendre ce que nous recevons et comment nous fonctionnons. L'écoute s'apprend par l'écoute et non par le parler ! Bien évidemment, c'est de l'entrainement !



Il est important de prendre conscience de cette lumière qui est en vous, car elle vous emmène vers votre vérité, elle est porteuse d'espoir lorsque vous vous laissez guider par elle et surtout, elle vous appartient. Il est « essence-ciel » d'en prendre grand soin.

Voyager dans votre temple intérieur est un palais aux mille richesses qui vous donne la possibilité de comprendre et d'évoluer grâce aux clefs que votre âme vous donne lorsque vous êtes à l'écoute. Vous avez la possibilité de vous libérer de beaucoup de choses que vous portez et qui vous font souffrir. Sachez que lorsque vous vous posez dans votre cœur, vous êtes en sécurité et vous avez la possibilité aussi de vous guérir de certaines blessures, même anciennes. Je ne le répéterai jamais assez, tout est là, juste en vous.

Votre vie se trouve à l'intérieur de vous et toutes ses richesses sont gardées au centre de votre cœur. Votre âme connait le chemin, elle sait parfaitement ce dont vous avez besoin. Alors, encore une fois, soyez à l'écoute de votre voix intérieure et faites confiance au monde invisible qui vous accompagne. Ne soyez pas effrayés par le silence, mais écoutez ce qu'il a à vous dire !



Vous aurez beau chercher à l'extérieur de vous, prendre des cours de développement personnel, des consultations, etc., tant que vous ne serez pas dans votre confiance, vous ne pourrez pas être en confiance avec la vie. Vos ressources se trouvent en vous. Il sera difficile d'avancer sur le chemin sans l'amour de soi. C'est comme se choisir un chemin de ronces, alors que l'on peut voyager sur un chemin parsemé de roses. L'amour de soi est la chose la plus importante à laquelle il est vital de se connecter.

Lorsque le médium vous fait des propositions de vie lors d'une consultation, le résultat dépendra aussi de son état de compréhension, de l'évolution de son âme et de la vôtre avant tout. Si le médium ne comprend pas son fonctionnement et n'entend pas ses besoins, s'il n'a pas suffisamment travaillé sur lui et n'est pas en harmonie avec lui-même, alors comment peut-il transmettre des messages justes ?

Ses messages seront erronés, car il y mettra ses émotions, son vécu et ne saura pas faire la différence entre votre problématique et la sienne. Au moment de la séance, il pourra revivre une mémoire qui resurgira d'une blessure profonde non soignée. Il comparera sa problématique à la vôtre et ne vous donnera pas la bonne direction. Lorsque le médium fait une consultation, il se doit d'être neutre et sans jugement, sans ramener sa propre histoire.

C'est la même chose pour communiquer avec un défunt. Cela ne signifie pas pour autant qu'il n'est pas en empathie. Cela me fait rebondir sur une autre question que l'on me pose souvent : Qu'est-ce qui se passe dans ma tête lors d'une prise de contact ?



Lors de démonstrations ou de séances, je ne prépare rien. Bien souvent, le défunt est déjà présent, voire deux ou trois heures avant le rendez-vous, et comme je le disais, parfois même la veille. Je me laisse inspirer par des images, des mots, un prénom, qui viennent à moi sans chercher quoi que ce soit. J'ai confiance dans le monde des esprits et je sais qu'ils me guideront. Pour moi, il ne peut pas ne rien se passer. Et s'il ne devait rien se passer, c'est juste aussi, je ne me fais pas d'inquiétude pour cela. Sur scène ou même en séance privée, je suis accompagnée et souvent par bien plus d'un esprit ou d'un guide. Dès lors que le contact s'établit, il se passe une réelle conversation, comme un rendez-vous de travail, une conférence à plusieurs, et notamment à trois. Cette conférence se déroule entre les esprits, les personnes du public et le médium, comme en séance privée, l'esprit, le consultant et moi-même. Évidemment, cela doit être parfaitement organisé et orchestré pour que le contact soit fluide et pour que les renseignements circulent aisément. Ce n'est pas chose facile ! Il faut de la discipline. Les personnes attendent et veulent toutes leurs morts. En public, ce sont les esprits qui choisissent qui vient et pour qui. Ce n'est absolument pas moi qui décide. En privé, c'est différent. C'est d'ailleurs un des points où je ne suis pas d'accord avec les spiritualistes.



J'ai posé la question à Helen Davita, enseignante médium du collège Arthur Findlay, qui a bien voulu y répondre : Pourquoi les spiritualistes disent-ils qu'il n'est pas possible de choisir le contact (personne décédée) que l'on souhaite lors d'une séance privée ? On peut fixer une intention. Mais pourquoi est-ce l'esprit qui décide ? C'est possible pour moi, je ne comprends pas.

Je vous laisse découvrir sa réponse :

*« Avant de te répondre, sache que tu es une excellente médium avec des dons spirituels étonnants.*

*Il y a plusieurs choses auxquelles je dois répondre dans ton message car il est complexe. C'est compliqué parce que, comme dans la vie, il arrive que la personne que l'on veut joindre soit occupée ou ne veuille pas parler. Parfois, elle tombe directement sur le répondeur. Parfois, ce que le client veut n'est pas ce dont la personne a besoin. Nous faisons de notre mieux et si tu constates que tu peux toujours te connecter à la personne en esprit, c'est que tu as un don très spécial. Si tu es sûre que ce n'est pas psychique et que c'est bien leur esprit (et je te crois à 100%), c'est un don rare que beaucoup de médiums souhaiteraient avoir. Je ne peux pas toujours le faire. D'habitude, si mon intention est bonne, cela fonctionne, mais ce n'est pas toujours le cas. Je suppose que nous ne pouvons pas contrôler les esprits et qu'ils ont aussi leur libre-arbitre. Et parfois, un autre esprit arrive et laisse la porte ouverte à celui qu'il veut. C'est donc compliqué. Mais l'intention est la meilleure façon de travailler. Tu te prépares et tu le fais. Oublie ce que disent les spiritualistes. L'esprit a toujours été avec nous, le spiritualisme n'est qu'une nouvelle façon de le présenter. »*



Souvent aussi on me pose cette question : Est-ce vraiment possible de faire une séance par téléphone ? Ne vaut-il pas mieux ma présence à vos côtés ? Une fois encore, pour moi, c'est une croyance. Je ne vois pas pourquoi cela fonctionne moins bien parce que vous n'êtes pas présent. Il m'arrive de répondre que la séance est bien plus simple car il y a moins d'interférences, que les émotions font quelques fois barrage et que cela est moins « polluant » pour moi, donc bien plus fluide. Lorsque le thérapeute effectue un soin à distance, cela fonctionne très bien. C'est la même chose avec la médiumnité. Mes guides et les défunts sont de l'autre côté du voile et cela ne pose pas de problème pour entrer en contact. C'est à vous d'être à l'aise avec le téléphone, donc si vous préférez le présentiel, alors n'utilisez pas ce moyen-là, mais n'allez pas non plus penser que le résultat obtenu soit différent.

J'ai également un conseil à donner aux personnes qui viennent aux démonstrations ou en séance et qui sont très réticentes, on peut lire dans leur aura ou même sur leur visage : je veux la preuve ! Bien évidemment que je mettrai mes facultés de médium en œuvre pour vous prouver et vous apporter le plus d'évidences possibles. J'aimerais vous donner un autre conseil à ce propos : ne cherchez pas les preuves de la présence d'esprits, mais rappelez-vous que lorsque l'un d'eux souhaite faire passer un message, il saura parfaitement comment s'y prendre. Il arrive que des informations véhiculées par l'esprit et transmises par le médium soient tellement subtiles et importantes pour la personne qui reçoit ce message qu'elle ne prête pas attention, car sa seule obsession est d'entendre un prénom ou une histoire qu'elle a décidé d'entendre. Cette preuve n'arrivera pas, et le consultant sera déçu alors que toutes les autres preuves sont validées. Il y a des personnes aussi qui insistent pour obtenir une réponse bien précise d'un défunt. Sachez que ces personnes bloquent le médium, qui tombera dans son mental et ne trouvera pas ce qu'elles lui ont demandé de chercher. C'est bien pour cela que les spiritualistes travaillent avec l'esprit, sans interaction avec le consultant. C'est au médium de dire qu'il stoppe la séance car il ne sera plus en médiumnique, mais en psychique et qu'il ne trouvera pas la preuve que vous désirez entendre.

En tant que médium de preuves, mon objectif est d'apporter la preuve de la continuité de la vie, afin que vous puissiez être convaincus que vos proches sont en effet toujours avec vous.

## Le fonctionnement de la prise de contact



Abordons maintenant l'aspect plus théorique du fonctionnement de la prise d'un contact, à savoir comment cette énergie arrive à nous. Certains médiums vous diront que l'on capte l'esprit à partir du troisième œil, moi je vais vous parler de l'intelligence supérieure avec laquelle nous communiquons à partir du plexus solaire.

Nous avons l'esprit conscient qui est situé au niveau de notre front. Le subconscient est à l'arrière de la nuque, à la base de la tête puis il y a la conscience supérieure qui se trouve dans la région du plexus solaire. C'est à partir de cette zone que nous captons les informations qui remontent à travers le subconscient, puis arrivent au front, où se trouve l'esprit conscient. Nous parlons et devenons conscients de l'esprit dans notre âme. La communication avec les esprits passe par les sensations, les émotions, les ressentis. La conscience supérieure va ensuite prendre le dessus sur l'esprit conscient (mental).

Bien évidemment, nous devons lier les deux pour que cela soit parfait. Pour établir le contact, je vais communiquer en vous relayant l'information avec mon esprit conscient, tout en recevant et en communiquant l'information, en même temps, de l'esprit de mon âme. Puis cela me donne la phrase à vous communiquer.

Les esprits se manifestent de différentes façons, voici une histoire qui m'est arrivée il y a quelques mois.



Je m'étais filmée pour une de mes vidéos YouTube. Je voulais simplement montrer comment on peut avec simplicité dessiner un portrait. Je commence mon dessin en voulant dessiner un guide et au fur et à mesure de ma connexion, le dessin se transforme en un portrait de défunt. Je fais facilement la différence, car l'énergie entrante, que je perçois dans mon aura, n'est pas la même. Une énergie de guide est bien plus élevée et pour certains êtres spirituels, l'énergie est hautement élevée. Pour d'autres dimensions comme les pléiadiens, elle est encore différente. L'énergie d'un défunt a une fréquence plus basse. Je termine ce dessin et après avoir arrêté la vidéo, je pose ce dessin sur ma table, tout en me disant que je ne reconnaissais pas ce portrait et pourtant il m'était si familier. Ce sont les yeux qui m'interpellaient le plus, car ce regard ne m'était pas inconnu. Son expression et la profondeur du regard me parlaient. Il était impossible pour moi, à ce moment-là, de ranger mon dessin. Durant deux jours, une énergie de tristesse et d'incompréhension, que je ressentais autour de moi, me berçait. À l'issue de ces deux jours, j'ai senti fortement une présence, mais cette fois l'énergie était bien plus puissante. En m'asseyant sur mon canapé, j'ai senti comme quelqu'un se poser tout près de moi. Ce défunt ne me quittait plus. Alors que je m'allongeais dans mon lit, au calme, il s'est matérialisé en transparence. Je reconnais cet esprit et suis très surprise, car évidemment je ne savais absolument pas qu'il était décédé. Dans ma tête, je me dis, mais qu'est-ce que tu fais là ? Pourquoi te présentes-tu ainsi ? Il n'y a que les morts qui se manifestent sous cette forme !



Vous pouvez imaginer mon grand étonnement. Je l'entends me dire : regarde ton téléphone. Ce qui me vient à l'esprit, c'est d'aller voir les messages que l'on s'échangeait, et je lui dis : mais il n'y a pas de nouveau message. Il me répond d'un ton insistant : regarde ton téléphone s'il te plaît, regarde ton téléphone ! J'ai à nouveau regardé les messages et il n'y avait rien. Puis j'ai compris l'insistance de son message, j'ai eu l'intuition de taper son nom et son prénom sur le moteur de recherche. C'est comme si c'était lui qui m'avait donné cette impulsion. J'ai eu un choc en voyant apparaitre son avis de décès. J'en ai été très affectée, car nous avions été très proches. Ce qui est magique, c'est que deux jours après cette annonce, le matin en me réveillant, il faisait gris à l'extérieur et en fermant les yeux, j'ai senti arriver en moi un rayon de soleil, puis un flot de lumière entrant par le haut de ma tête, inondant tout mon corps. J'ai baigné dans une énergie d'amour, de douceur et de réconfort. J'ai déjà senti cette lumière intense et puissante en moi lors de connexion avec mes guides. L'amour que le monde spirituel nous envoie à travers les esprits, les guides sont des énergies si puissantes et si merveilleuses qu'elles ne sont pas descriptibles tant elles n'existent pas sur le plan terrestre.



Sentir l'amour de cette personne, sa présence, sa joie, de nous rencontrer à nouveau fut un moment magique et inoubliable. L'esprit m'a fait comprendre que tout allait bien, qu'il était à mes côtés aussi pour me transmettre des messages et m'accompagner sur mon chemin. Je suis dans la joie et la réjouissance de nos futures rencontres, car entre nos deux mondes, il y a encore des choses à découvrir. Nous avions une grande complicité et c'est pour cela aussi que les messages sont très fluides. C'est un très beau cadeau venant du monde spirituel. Je vous le répète encore, le monde spirituel est doté d'une intelligence incroyable et quand l'esprit a décidé de transmettre des messages, il y parviendra par tous les moyens.

J'ai appris par la suite que cette personne était décédée huit mois avant qu'elle ne vienne me l'annoncer. Le jour de son départ et jusqu'à son enterrement, j'avais été extrêmement mal et malade, je ne comprenais pas ce qui m'arrivait. C'était comme si c'était la fin de ma vie. Il faut dire que nous étions très liés, il a été mon double.

Ce qui est incroyable, le jour de sa visite pour m'annoncer sa mort, j'ai eu la réflexion de lui demander : Mais qui vais-je contacter ? Je lui ai proposé quelques prénoms et il m'a répondu non. Puis je lui ai demandé à qui devais-je alors faire appel car j'avais besoin de savoir, de comprendre. Il m'a répondu : Contacte ma sœur, tu vas la trouver car je vais te guider. Je me suis laissé porter par la confiance et quelques jours plus tard, j'ai pu parler à sa sœur que je ne connaissais pas. Nous nous sommes retrouvées pour échanger chacune nos souvenirs.



Cette proximité avec l'esprit, je la ressens encore aujourd'hui et de temps en temps, il vient me rendre visite. Encore récemment, j'ai senti sa main me caresser la joue comme si cela était réel, tellement son énergie est présente. Lorsque je suis triste ou nostalgique, il est là pour me rassurer et souvent, nous avons de petites conversations. Il est important de comprendre, malgré la douleur, que pour le défunt, évoquer des souvenirs, rire des bons moments passés ensemble, lui parler, vous feront du bien, mais également du bien à l'esprit. En tant que médium, je ne peux pas faire disparaitre la douleur associée à une perte. Cependant, si j'arrive à rassurer sur le sujet de la mort, à dissiper la peur et à donner de l'espoir à ceux qui l'ont perdu, alors cela vaut la peine de continuer mon chemin de médium.

Et pour ceux qui tentent d'ignorer les esprits, ils manifesteront tout de même leurs présences, d'une manière ou d'une autre, sauf si vraiment vous leur demandez de ne pas vous déranger. Pour ceux qui n'arrivent pas à les voir avec les yeux de l'extérieur, c'est parce que notre monde vibre à une fréquence basse et les énergies sont lourdes, alors que celles du monde spirituel ont des fréquences élevées. Bien entendu, il n'y a qu'un voile qui nous sépare, c'est la fréquence des vibrations.



Cela me fait penser que bon nombre de personnes m'interrogent sur les mauvais esprits. Je réponds : « Je n'y crois pas », pour ne pas dire je ne veux pas y croire. Ne serait-il pas plus juste de dire qu'il s'agit d'esprits ayant une faible fréquence énergétique, vivant dans de basses sphères du monde spirituel ? Ce sont probablement des esprits éloignés de la source divine, auxquels il faut du temps pour atteindre un niveau vibratoire plus élevé. En revanche, pour le spiritualiste aucune âme n'est perdue. Les personnes qui partent vous disent souvent qu'elles sont attendues. Un ou plusieurs êtres chers les attendent, comme les animaux, mais aussi des guides, des anges, selon les croyances.

Si le défunt ne veut pas passer tout de suite, alors il voyagera encore sur le plan terrestre, mais au bout d'un moment, il décidera de partir soit par ennui, soit pour d'autres raisons.

Mais s'il décide de voyager encore un temps, alors il voyagera et ce ne sera ni le monde spirituel ni l'humain qui le feront changer d'avis ! Cela est différent concernant l'esprit qui est déjà passé et que vous ressentez à vos côtés lorsque vous pensez à lui.

## Les passeurs d'âmes

*« Tu me demandes ce que je pense des personnes qui se chargent d'accompagner les âmes dans le monde spirituel ? Je pense que c'est absurde, le monde spirituel prend soin d'eux. Je pense que c'est leur ego. »* Réponse d'une médium et enseignante au collège Arthur Findlay.



J'avais interrogé Su, également enseignante au collège, concernant ce sujet lors d'un séminaire chez moi. Sa réponse était aussi de dire que les passeurs d'âmes sont des personnes qui se mettent beaucoup d'argent dans les poches, qui se donnent un rôle et qui ont probablement un besoin de reconnaissance. Les défunts n'ont pas besoin de passeurs d'âmes pour aller dans l'autre monde. Idem pour le médium et enseignant Paul Jacobs qui m'a dit :

*« J'ai toujours eu du mal avec les gens qui disent qu'ils font du "sauvetage". Je dois admettre que certains esprits souhaitent*

*rester proches des vibrations de la Terre, car les plaisirs du monde physique leur manquent.*

*Cependant, je ne crois pas que quiconque dans le monde des esprits ait besoin d'être secouru en tant que tel. Si certains de ces esprits qui ont apparemment besoin d'être secourus en avaient vraiment besoin, je crois que les esprits supérieurs et les âmes plus évoluées du monde des esprits sont mieux placés et mieux équipés pour les aider. »*



Comme vous pouvez le constater, les réponses sont toujours identiques de la part des spiritualistes. Selon eux, la lumière est là pour vous recueillir, il n'y pas besoin d'un service pour faire passer les âmes. Je constate que chez les francophones, il y a une grande mode avec les passeurs d'âmes. Mais quel est ce besoin de se revendiquer comme tel ? Qu'est-ce que cela apporte ?

Posez-vous la question. Si vous dites à une personne que le défunt n'est pas passé de l'autre côté, alors vous la mettez dans la peur. Hélas, cela peut aller bien plus loin, car cela engendre d'autres questionnements : Mais où est le défunt ? Est-il bloqué quelque part ? Va t-il s'en sortir ?

De plus, en faisant appel à un passeur, vous allez avoir vous-même peur de votre propre mort, car vous allez vous poser un tas de questions concernant votre propre passage.

Pour ma part, je suis en accord avec les spiritualistes, mais chacun est libre de penser et de faire. Si cela reste un acte généreux et que des personnes ont ce besoin de prier le départ d'un mort, cela ne mange pas de pain, et est toujours bénéfique pour le défunt de recevoir votre énergie et vos prières. Mais pour moi, cela doit rester un acte gratuit, comme les soins à distance apportés lors de chimiothérapies, ou comme de barrer le feu.

## L'incorporation

Un jour, j'ai fait la rencontre d'une personne. Très rapidement, j'ai vu une aura sombre, ce qui veut dire de basse fréquence et chargée d'un passé compliqué et difficile. La vie nous a mis tous deux sur le même chemin, et cela n'a pas été un hasard. J'ai vite compris qu'il valait mieux ne pas me charger moi-même de ce retour de vie avec cette personne. Mon cœur savait que ce voyage n'était pas le bon et pourtant ma tête a choisi la mauvaise direction. Je suis donc partie à l'aventure avec cette personne, jusqu'au jour où cela est allé trop loin. C'est alors que mon guide est intervenu. Je n'oublierai jamais son énergie puissante lorsqu'il s'est manifesté et matérialisé au pied de mon lit.



Il s'est établi d'abord une longue conversation entre nous, puis il m'a embarquée avec lui. Mais à ma grande surprise, ce ne fut pas un voyage hors de mon corps pour aller visiter d'autres sphères, mais un voyage dans le corps de l'autre personne. On appelle cela une incorporation. Je me souviens d'avoir été comme aspirée par le corps de l'autre, enfin mon esprit, pas mon corps physique qui lui était statique à ce moment-là. Je me vois encore rentrer en lui et y découvrir une multitude de choses. Je voyageais dans des étages différents où il y faisait plutôt froid et sombre. J'ai ressenti des peurs, ses peurs, puis j'ai été terrifiée par ses angoisses, ses questionnements hurlaient dans ma tête. J'avais l'impression que cela n'en finissait pas. J'avais été projetée dans sa conscience pour y lire tout ce qui s'y trouvait. C'est comme si durant quelques instants on avait un autre corps. C'est évidemment très différent d'une sortie de corps ordinaire avec laquelle je suis libre et je voyage sans cette sensation de lourdeur et d'enfermement de mon corps.



Durant cette expérience, que je n'ai pas du tout aimée, je me suis littéralement sentie emprisonnée dans le corps de l'autre, tout en étant consciente d'être en même temps dans la chambre. Cette sensation de savoir que c'était moi avec une autre enveloppe m'a beaucoup dérangée. Puis je suis ressortie de ce corps, ainsi que mon esprit et j'ai compris ce qui venait de se passer. Mon guide était toujours au bout de mon lit, et à ma grande surprise se tenait de l'autre côté du lit, près de la personne, son propre guide. Avant même d'entrer en contact avec ce guide, je me souviens avoir dit au mien d'une voix très sèche, car j'étais encore toute bousculée, de ne plus jamais me faire revivre cela. C'était beaucoup trop désagréable.

Puis, le guide de l'autre personne m'a donné des informations très personnelles et secrètes le concernant. Ce qui m'a encore une fois perturbée dans le mauvais sens du terme, car ce que je venais d'entendre et de comprendre ne me convenait pas. À son réveil, j'ai parlé de toutes les informations reçues. En déversant tout ce contenu, j'ai réalisé ce pourquoi les guides s'étaient manifestés à moi. Ils ont été de merveilleux protecteurs, et j'ai compris la leçon de ne plus accepter avec ma tête des informations précieuses venant de mon cœur. Je pense avoir lu dans les différents niveaux de conscience de l'autre, ses pensées, ses vérités et ses croyances. Il se pourrait bien que j'ai simplement visité les profondeurs de sa conscience.



Lorsque nous décédons, nous trouvons le décor de ce que nous avons construit par nos pensées. Notre conscience nous peint le tableau de nos croyances, de nos peurs et de nos pensées. Les personnes qui ont vécu égoïstement ou qui ont eu des vies moralement corrompues, impitoyables, perverses, destructrices ou mauvaises, de quelque manière que ce soit, découvriront qu'elles se sont créées des circonstances misérables qui leur demanderont un long travail lorsqu'elles quitteront la vie terrestre.

Des êtres chers communiquent pour rassurer les Terriens sur le fait que la vie est éternelle et que les défunts sont heureux dans l'au-delà. Ces communications nous parlent de retrouvailles avec la famille et les amis, avec les animaux aussi.

Ils nous attendent lors de notre arrivée. Tout cela est rassurant, mais à condition d'avoir mené une vie raisonnablement décente, d'avoir été une personne honnête et bienveillante, gentille, compatissante, aimante, généreuse, ayant la notion de partage.

Cependant, nous devons être conscients que de croire juste en une vie après la mort, sans avoir travaillé sur qui nous sommes ne nous garantit pas une meilleure attribution des places. Il y a également des personnes qui disent croire en une vie après la mort et qui continuent à vivre et à se comporter d'une manière qui n'est pas digne d'une âme évoluée. Et ne croyez pas, parce que vous croisez des gens qui se disent spirituels, qu'ils sont forcément dans la lumière. Il y a aussi bon nombre de gens spirituels, spiritualistes ou spirites qui sont des donneurs de leçons. Ils sont forts en paroles et manquent totalement en leurs actes. Sachez que l'être spirituel se reconnait uniquement dans ses actions. En revanche chaque âme peut être aidée, progresser et ce, éternellement.



Personne n'est définitivement « condamné », je dirais par lui-même, et il y a de l'espoir pour tous, même pour les âmes qui sont dans des fréquences très basses. Le but est de se reconnecter à l'être spirituel que nous sommes tous, issu de la source divine.

Cela me rappelle une histoire que j'ai vécue, il y a quelques années, lorsque je cherchais une maison à acheter.

Un matin, je tombe sur une annonce qui attire mon regard, une maison telle que je la souhaitais et qui m'était familière. C'était le week-end, impossible de joindre l'agence, et il n'y avait pas non plus d'adresse sauf le nom du village. Trop curieuse, je décide de m'y rendre dans l'après-midi en étant persuadée que je la trouverai grâce à la photo jointe dans l'annonce. Je pars donc pour ce petit village alsacien, très pittoresque que je ne connaissais que de nom. Mais peut-être l'avais-je déjà traversé, car il faisait partie de la Route des vins que je connaissais.

Quoi qu'il en soit, je décide de faire confiance à mon intuition. À mon arrivée, le chemin se divisait en deux, étant dans mes pensées, machinalement je prends celui de droite. Je roulais sur ce chemin magnifiquement bordé par de grands arbres, les doux rayons du soleil passaient à travers leurs branches comme des faisceaux de lumière. Un paysage féerique plein de charme, je rêvais déjà quand soudain ma voix intérieure me dit : « Fais demi-tour, tu n'es pas sur le bon chemin. »



Je trouve un endroit pour faire demi-tour et prends le chemin de gauche. Me voici engagée et après dix minutes, j'entends à nouveau une voix, non pas celle de mon intuition, mais plutôt une voix d'un ton assez ferme venant de l'extérieur : « Tourne à droite, puis cherche un moulin. Près de ce moulin, utilise ton intuition et tu trouveras. » Sans vraiment réfléchir et surprise par cette voix qui ne m'était pas très agréable, je me laisse guider. J'empreinte de tous petits chemins pour me retrouver devant un magnifique moulin à eau. J'ai l'impression que l'on vient de le poser à l'instant, devant moi. Soudain, une sensation bizarre m'envahit, mon corps est en alerte, comme le hérisson qui sort ses piquants. Un déjà-vu !

Autour du moulin se trouvaient quelques petits chemins montants qui rejoignaient un plateau. Je décide de m'y rendre à pied. Il y a des maisons en pierres par-ci par-là, les jardins très arborés et fleuris m'empêchent de voir la vue panoramique. Je m'approche alors d'un portail non loin de moi sans apercevoir encore la maison qui se trouve trop en arrière, et plus j'avance plus j'ai cette sensation de déjà-vu. De la nostalgie et de la tristesse m'accompagnent à ce moment-là. J'entraperçois une partie de la maison, et à cet instant, une énergie puissante me traverse le corps, j'entends : c'est ici. Je reconnais la photo de l'annonce. Je sonne alors à la porte, mais personne ne répond. Après un long moment de silence en moi, je pousse le petit portail en bois blanc pour aller voir d'un peu plus près ce magnifique lieu. Je rentre chez moi, me dis-je dans mon for intérieur. Très vite, je ressors, car je suis mal à l'aise de me promener ici en infraction. Toute souriante, je ferme le portail et mon âme me pousse subitement à aller voir le nom de la rue. J'accorde énormément d'importance aux détails que l'on peut trouver et qui entourent mon lieu de vie. En un instant, le charme se rompt lorsque mes yeux se posent sur cette plaque « Rue brulée ». En lisant le nom, je suis envahie par de terribles images, j'entends des gens courir et hurler de partout. Je me sens bousculée par des émotions fortes. Je ressens évidemment une vie passée qui remonte à moi mais tout est encore trop flou. Je décide de partir. Malgré cette expérience, mon cœur balance encore fortement pour cette belle petite maison. Je prends rendez-vous avec l'agence pour y voir plus clair et peut-être découvrir ce mystère qui me revient sans cesse.

Nous nous donnons rendez-vous un lundi soir et j'arrive avec deux heures de retard à cause d'un embouteillage. Je me dis que quelque chose m'empêche de m'y rendre. Je visite enfin l'intérieur de la maison, puis je demande à l'agent de me laisser un instant seule dans ce jardin, face à la maison. Des biquettes du pré d'à côté me rendent visite. Tout est parfait comme dans ces prairies anglaises que j'aime tant, une magnifique ressemblance d'un cottage juste-là. Il y a même un atelier de peinture, des esquisses et des ébauches de toiles abandonnées. Mon hésitation est grande, puis je décide de revisiter une dernière fois l'intérieur, et tout en approchant de la maison, mon envie de signer pour ce bien se fait grandement ressentir. J'ouvre la porte et je vois l'agent dans la cuisine qui m'attend. Je me dirige vers la table pour signer les papiers afin de bloquer la vente. Et là, je me dis ce n'est pas raisonnable, il y a quelque chose qui me freine, mais je ne sais pas quoi. À mi-chemin, je vois un esprit en transparence se manifester devant moi. Il met une corde autour de mon coup, comme si j'allais être pendue et au moment où je réalise cela, j'entends sa voix me dire que ce n'est pas une pendaison, mais il tire la corde pour me rapprocher de l'agent en me disant d'un ton très sec : « Tu signes maintenant ! » Je veux crier et ressortir de la pièce, mais je n'y arrive pas. L'agent me demande si tout va bien et je lui réponds difficilement que oui. Je lui demande si je suis vraiment engagée lors de cette signature et il me répond que j'ai quelques jours pour me désister au cas où, car ce ne sont que des papiers d'engagement pour bloquer la vente. Totalement perdue, je pose ma signature au bas de cette page. Ne me demandez pas pourquoi parfois on agit de façon irraisonnée. Je savais aussi que je pouvais revenir sur mon engagement. J'avais besoin de partir au plus vite pour réfléchir. J'ai bien compris quelques jours après, que j'étais revenue dans ce lieu uniquement pour lâcher et me guérir d'une mémoire ancienne, non pour revenir dans ce lieu qui a été probablement d'une grande souffrance.



Je rappelle l'agent qui était absent, et sa collègue m'informe que la maison a été vendue. Surprise, je lui réponds que cela n'était pas possible. Elle me dit qu'il y avait eu un quiproquo et qu'une personne avait déjà signé avec un autre agent. Je n'ai pas cru à cette histoire mais je n'ai pas insisté, car j'ai compris que tout était juste ainsi, et cela m'a permis de valider mon ressenti par rapport à cette vie passée.

## La réincarnation

À ce propos, parlons un peu réincarnation. La réincarnation est un sujet bien complexe ! D'ailleurs, chez les spiritualistes, elle n'existe pas. Sauf que ces dernières années, certains professeurs ont remis en question ce sujet. Lorsque j'étais au collège, il y a plus de quinze ans de cela, les sujets de la réincarnation et des anges ne pouvaient pas être abordés car ils étaient inexistants.

« Nous devons réaliser que cela n'est pas aussi simple que nous le pensons », me dit un enseignant, « ce n'est pas comme s'il y avait une âme dans votre corps qui s'envole dans le monde spirituel après votre mort, puis y reste quelques années, pour ensuite choisir un nouveau corps. »



Pour le spiritualiste, son rôle est juste de prouver la survivance de l'âme après la mort terrestre sans retour de celle-ci. Certains enseignants disent qu'il faut laisser passer trois générations avant de se réincarner. Je vous donne ma vision des choses en ce qui concerne les vies antérieures.

Quand on parle de vie antérieure, on parle du principe de réincarnation et de renaissance. Notre âme s'incarne de vie en vie, pour pouvoir être dans une énergie d'évolution positive, d'apprentissage et d'expérience. Elle naît au sein de sa source, qui n'a pas de matière et sans notion de temps linéaire, puis c'est elle qui décide de s'incarner sur Terre pour différentes expériences. La vie antérieure concerne chacun d'entre nous. Il y a toujours une première vie. Certains individus ont peu de vies antérieures derrière eux, c'est ce que l'on appelle des jeunes âmes, d'autres en sont à la moitié de leur chemin ou presque à la fin du cycle de réincarnation. Ce sont des vieilles âmes… Elles ont un bagage de connaissances incroyable et sont là aussi pour transmettre leur savoir. Il y a des cycles de vie et des septaines qui peuvent nous apprendre plein de choses, et notamment nous aider dans notre progression lorsque l'on décompose ces cycles.

En ce qui me concerne, j'aimerais vous suggérer : « Et si notre vraie vie de cette vie-ci commencait à partir de 40 ans ? »



C'est comme si jusqu'à la quarantaine, on terminait notre vie précédente, on réglait des choses inachevées. Puis après, on démarre sa vie de maintenant. En quelque sorte comme un nouveau livre qui s'ouvre à nous vers la quarantaine…

On ne s'intéresse pas aux vies antérieures par hasard, on y vient lorsque des situations se répètent, ou encore lorsque des déjà-vu se présentent régulièrement à nous. Tant que l'on n'a pas compris ou guéri, cela continue. Les synchronicités qui se répètent sont aussi pour nous mettre en réflexion.

C'est important de comprendre qui l'on a été pour avoir des pistes de réflexion permettant de mieux se comprendre dans sa nouvelle vie, celle de maintenant, afin de connaître les blocages de l'âme qui la contraignent dans un schéma relationnel ou de pensées conscientes ou inconscientes. Il ne s'agit pas non plus de vivre et de ressasser continuellement son passé. L'important est d'être toujours dans l'instant présent, pour voir arriver les défis de la vie, en étant à l'intérieur de soi. En écoutant sa voix intérieure. En étant présent à la vie et aux messages ou signes qu'elle nous apporte.

Parfois on me pose la question suivante : Pourquoi se rappelle-t-on de certaines vies et pas d'autres ?

Pour moi, il n'y a pas lieu de se souvenir de toutes ses réincarnations. Travaillons sur celles qui viennent à nous, car si une vie antérieure se présente, c'est bien pour notre évolution. Mais elles arrivent aussi souvent pour terminer un cycle. Comme mon histoire en amont, le simple fait de l'évoquer est déjà une fin en soi. Et il y a probablement des vies dont on ne doit pas se souvenir, car elles sont trop lourdes à supporter pour notre incarnation présente.



Si vous souhaitez vous connecter à vos vies antérieures, vous pouvez le faire lors d'une méditation, d'une hypnose régressive, d'un rêve, d'une transe ou en étant accompagné par un médium qui maitrise son sujet. Il est important tout de même de rester bien prudent quant aux réponses reçues, en se servant toujours de son discernement et surtout de son ressenti. Choisissez toujours un thérapeute compétent en la matière. Ce qui est intéressant dans cette démarche de vie antérieure, c'est de comprendre ses souvenirs pour améliorer son quotidien, de tirer les leçons du passé pour ne pas reproduire indéfiniment les mêmes erreurs. Déjà comprendre ce que l'on reçoit, ensuite être dans le discernement et prendre ce qui résonne fortement en soi pour ensuite transformer les réponses obtenues, résoudre sa problématique du moment pour en changer la trajectoire.

Lorsque ces vies viennent à nous, elles peuvent nous éclairer aussi sur nos relations avec autrui. Nous ne nous incarnons pas par hasard dans une famille, nous la choisissons, car elle nous permettra d'évoluer, ainsi que nos amis, nos amours et nos ennemis.



J'entends des personnes qui me demandent si l'on peut se réincarner dans le passé. Je ne pense pas et je n'en vois pas l'intérêt, ou alors pour se soigner mais ce n'est pas une réincarnation, c'est dans un entre deux vies qu'il est possible de régler certaines phobies, par exemple. Comprendre le fonctionnement de l'âme est bien complexe, toutefois j'aimerais vous donner une version intéressante que j'ai reçue de mon guide. Nous pourrions imaginer que l'âme est divisée en plusieurs parties qui sont ensemble, mais se divisent au fur et à mesure des expériences.

Prenons des boules de couleurs formant une pyramide. Imaginons qu'une de ces boules, faisant partie de la même âme, soit incarnée sur Terre ou va s'incarner. Cette partie d'âme va expérimenter différentes facettes de la vie. Quand elle aura terminé son exploration sur Terre, elle repartira dans l'autre monde rejoindre ses autres parties d'âme. Puis une autre partie de cette même âme décide d'aller s'incarner sur Terre, mais dans une nouvelle enveloppe corporelle. C'est juste un autre aspect de cette même âme qui va explorer d'autres expériences qu'elle aura choisies. C'est cette première partie d'âme, lorsqu'elle revient, qui va bousculer les autres parties de celle-ci et entrainer un changement d'énergie, notamment en transmettant toutes les expériences aux autres parties d'âmes. Ces informations sont aussi véhiculées dans la deuxième partie d'âme qui va s'incarner, sauf que ce sont des graines différentes.



Si, par exemple, en tant que médium, je vais prendre des informations avec la deuxième âme incarnée, c'est la facette de la première âme que je vais contacter. Je ne vais pas non plus contacter toutes les parties de cette même âme, sauf l'aspect de la première. C'est un peu compliqué mais cela peut être une autre façon, une possibilité de voir et de comprendre ce fonctionnement concernant la réincarnation.

Du point de vue de la notion du karma, sachez que chaque personne naît avec son karma personnel. Nous sommes uniques. Grâce à l'action du karma, il est essentiel dans cette vie, justement par rapport à ces états de causes à effets, d'équilibrer et d'utiliser notre libre-arbitre afin de pouvoir rectifier certaines actions qui ont posé problèmes par le passé.

Pour rappel, le karma est le bagage de l'âme, ce disque dur qui sauvegarde l'ensemble des mémoires. La signification littérale du mot karma est action. C'est par ses actions qu'un être humain fait de lui ce qu'il est. Le karma est la force divine en chacun de nous, qui produit l'ordre, l'équilibre et la compensation des actions. C'est pourquoi toute action retombe sur son auteur. Le karma est la loi de la cause à effet. Lorsque j'en parle, il n'est pas question de la notion de punition comme l'enseignent certaines religions. Comme nous ne sommes pas conscients de la puissance de nos pensées et de nos actes, nous prenons leurs effets et leurs conséquences qui surviennent à certains moments de notre vie pour notre destin.



Il est dit... La plupart des conséquences se produisent dans la même vie que celle où les pensées et les actes ont eu lieu. Le karma est la conséquence de nos pensées et de nos actes. Il s'agit d'une loi indétrônable et qui est valable pour nous tous. Nous disons bien ce que tu sèmes, tu le récoltes.

Nous parlons souvent du libre-arbitre, moi, je dis que nous avons des contrats qui se réécrivent et des contrats indélébiles !

Outre le libre-arbitre et notre liberté intérieure, il existe un lien caché de cause qui nous relie aussi à nos vies antérieures. En revanche, lorsque nous réalisons ces causes et surtout ces effets, cela peut être d'une grande aide dans notre vie. Les effets du karma sont inscrits dans notre conscience. C'est grâce à cela que nous pouvons aussi modifier ou influencer notre propre chemin ou destin. Par conséquent, je dirais aussi que la réincarnation est une vraie renaissance.

## La mission de vie

Je reviens sur ce terme si souvent utilisé : la mission de vie, quelle est-elle ?

J'entends parfois toutes sortes de missions que les personnes s'attribuent. Je vous réponds : Et si notre mission de vie était de vivre le plus simplement possible notre vie, dans l'instant présent, de nous rencontrer et de comprendre qui nous sommes réellement ? Je parle de soi à soi. C'est déjà toute une mission ! Profiter de chaque petit bonheur qui se présente à nous, que la vie nous offre si généreusement. Le bonheur est aussi de se connecter à sa paix intérieure. Prendre conscience de ces petits instants qui ravivent notre cœur et notre corps, qui sont liés à tous nos ressentis. Les pensées les plus simples qui nous font du bien en font partie. Elles nous imprègnent de bonheurs à venir et que nous créons en les plaçant dans l'univers. Les personnes qui se plaignent et se disent malheureuses devraient se pencher sur ces moments de bonheur. Chaque contrariété leur prendra de l'énergie et diminuera leur immunité, car elles seront dans des énergies basses. Elles se pollueront elles-mêmes, leur propre vie, et elles ne profiteront aucunement de la joie qui pourrait les animer. L'important c'est de voir ce que l'on a et d'arrêter de se plaindre uniquement de ce que l'on n'a pas.

Apprécier ce que la vie nous offre et être dans la gratitude. Vivre et partager, s'ouvrir aux autres sont aussi une source d'enrichissement pour nous-même et pour les autres.

Bien évidemment la richesse de ce bonheur se trouve à l'intérieur de nous avant tout. Il faut puiser dans les petites joies de l'existence et les savourer. Le bonheur se crée et nous sommes heureux seulement parce que nous le décidons. D'où l'importance de ne pas s'attacher au matériel, et de ne pas analyser toute chose qui arrive systématiquement, sinon nous serions sans cesse affectés par toutes ces pertes. L'espoir est le chemin, plaçons-le dans notre conscience pour nous donner un but afin d'avancer plus sereinement dans notre vie. Il y a des personnes qui ont le sourire malgré leurs difficultés. Elles rayonnent et diffusent autour d'elles et en elles, une paix et une joie qui émanent puissamment. Simplement parce qu'elles ont foi en la vie. Cela passe aussi par la confiance en soi. Les toutes petites choses sont à portée de main, mais nous ne les saisissons pas, parce que nous ne les voyons pas.

C'est la même chose pour nos êtres chers disparus. Souvent dans mes cours, j'entends me dire, je ne vois rien, je ne vois pas les défunts, je ne ressens rien. Alors je vous réponds que nous avons cinq sens ou plutôt six, qui sont à l'extérieur mais également à l'intérieur de nous. Lorsque je vous demande de fermer un instant vos yeux et de prendre le temps de visualiser avec votre imagination une rose, vous la voyez avec vos yeux de l'intérieur. Lorsque je vous demande de sentir le parfum de celle-ci, vous sentez le doux parfum qui enivre votre temple intérieur. Et lorsque je vous demande de ressentir l'amour du monde spirituel qui vous entoure, là encore vous le ressentez. Alors pourquoi dites-vous ne rien voir et ne rien ressentir ? Vous ne les ressentez pas car vous n'avez pas suffisamment confiance en vos ressentis, et vous ne vous accordez pas suffisamment de temps et vous ne leur donnez pas le temps de venir à vous en ce qui concerne vos défunts. L'être humain a cette fâcheuse tendance à toujours vouloir aller plus vite. Il court après le temps et ne s'en donne pas pour se poser et profiter. Il est dans une course folle, et bien souvent ne voit pas ce qui est juste là, tout près de lui. J'aime prendre du temps et m'asseoir pour contempler la nature, ressentir l'énergie du monde spirituel. Je fais cela presque quotidiennement et ce monde fait partie intégrante de ma vie. j'aime baigner dans cette énergie d'amour qui m'accompagne et avec laquelle je suis en connexion. Je suis inspirée par l'énergie du monde spirituel, mes guides, mais simplement aussi par cette énergie de vie qui m'enseigne et m'inspire. J'ai bien compris que chaque opportunité est là pour nous faire évoluer, alors ouvrons notre cœur et accueillons ce qui nous est proposé. Prenons le temps d'observer, expérimentons et transformons les situations. Osons suivre notre voix intérieure pour enfin embrasser le chemin de la vie. Ce que notre âme est venue expérimenter. Bien souvent, nous pensons que pour évoluer nous devons souffrir, les chamans m'ont appris aussi que nous pouvons grandir et évoluer sans nous plonger dans des souffrances pour apprendre et progresser sur le chemin vers soi. C'est la plupart du temps une question d'éducation et de religion.

Dans le silence du moment présent, lorsque l'on est à l'écoute, entre deux mondes, les défunts aussi captent cette attention et en profitent pour arriver à moi.



Je vous raconte la belle histoire d'Ikuo. Je l'avais presque oubliée et c'est lui qui est venu un soir me dire qu'il aimerait bien que je partage son aventure.

Paisiblement assise, juste dans l'instant présent, à contempler la nature verdoyante que m'offrait le printemps, mon regard se perdait dans la cime des arbres… Le babillage des oiseaux me berce et ce léger petit vent si agréable fait danser les feuilles encore vertes de cette belle saison. S'entremêlent rêverie et présence, d'un monde à l'autre, mon esprit voyage.

Quand soudain l'image d'un homme apparait en transparence devant moi. Je suis surprise et en même temps, je ressens un mélange de douceur et de timidité venant de sa part. Je lis dans ses pensées : j'ose venir sans vouloir déranger, me fait-il savoir. Je capte son attention et je comprends que quelque chose ne va pas. Je comprends que cet homme est malade et qu'il vogue déjà entre deux mondes. Je dis à ma fille qui vient d'arriver que je viens de capter télépathiquement les pensées d'Ikuo, et je pense qu'il va bientôt rejoindre le monde des esprits. J'avais rencontré cet homme en Suisse lors d'un de mes déplacements professionnels. J'avais d'abord fait la connaissance de son épouse qui s'était inscrite à l'un de mes séminaires. Au fil du temps, nous nous sommes rapprochées. Elle me disait que son époux n'était pas adepte de la médiumnité, mais cela ne le dérangeait pas qu'elle se forme à cette pratique. Lors d'une conférence et d'un nouveau séminaire donnés en Suisse, son mari avait souhaité faire ma connaissance. Nous avons déjeuné ensemble et cela fut un vrai coup de cœur amical. Malgré ses croyances, il avait confiance en moi et en ma pratique.



Son apparition en juin fut très brève, puis il revint me voir le mois suivant. J'étais en train de déjeuner quand il est apparu à nouveau fortement dans mes pensées, puis son image se manifesta à moi durant plusieurs jours. Je ressentais des peurs et des inquiétudes. C'était un homme dont l'énergie était très faible. Je le sentais à l'hôpital et proche du départ. Je n'avais plus de nouvelles de son épouse, car nos chemins s'étaient séparés quelques mois auparavant. Il a été si présent tout le mois de juillet jusqu'au 2 août, puis je l'ai senti loin et j'ai compris qu'il avait quitté le plan terrestre. Bien sûr, je ne connaissais personne qui pouvait me confirmer sa mort, et je ne voulais pas appeler son épouse.

Au courant du mois d'octobre, je me souviens que c'était un dimanche matin. Il est revenu me voir, cette fois-ci, en tant qu'esprit. Il n'y avait aucun doute me concernant, Ikuo était bien passé dans le monde spirituel. Il était agité et stressé, j'ai vite su que quelque chose le travaillait. C'était déjà quelqu'un d'anxieux dans sa vie de terrien. Cela ne change pas vraiment de l'autre côté, lorsque nous nous présentons pour communiquer avec des médiums.



Nous gardons les traits de caractère qui nous définissent, ce qui permet de nous reconnaître. Il parlait très vite et me montrait des objets, une pièce qui était son bureau, son lieu bien à lui, que je ne connaissais pas. Il y avait deux peintures japonaises, des objets précieux, une montre, un sabre de samouraï accroché au mur et son urne posée sur son bureau. Il me montra un symbole sur le porte-clés de sa voiture. J'ai compris que sa voiture avait été vendue. Il me dit alors : « Tu dois absolument contacter mon épouse pour lui donner des informations, elle est perdue concernant la gestion de certaines de mes affaires. » Imaginez la scène, j'appelle son épouse après de longs mois de silence pour lui dire que son mari défunt veut lui donner des informations concernant ses affaires et lui parler de ses cendres !

J'ai confiance en ma médiumnité et je sais qu'il m'a choisie pour mon efficacité, mais tout de même, il y a toujours un doute tant que nos informations ne sont pas validées. J'ai tourné en rond pendant trois jours et bien entendu, durant tout ce temps-là, l'esprit ne me lâchait pas. N'en pouvant plus, car j'avais bien compris pour sa tranquillité à lui que tant que je n'aurais pas fait ce qu'il me demandait, il resterait là en attendant que je me décide.

J'ai fini par appeler son épouse. Elle m'a alors dit qu'elle avait pensé à ses affaires et que cela la hantait depuis ce fameux dimanche matin. Comme par hasard ! Je lui parlais des tableaux qui étaient très importants pour Ikuo et surtout de ses cendres. Lors de notre conversation et malgré les nombreux messages que j'avais reçus très justement, d'autres réponses lui ont encore été données. Son épouse était si heureuse de ces nouvelles et surtout des indications apportées.



Je suis honorée qu'il m'ait confié cette mission et de sa confiance, malgré les croyances qu'il avait concernant cet autre monde. Et j'ai trouvé si adorable qu'il vienne me dire timidement, presque un an après son décès, d'écrire son histoire. Son épouse m'a aussi confirmé que toutes les fois qu'il s'était présenté à moi, jusqu'à sa date de mort et que j'avais eu en flash, avaient été des dates importantes jusqu'à la date officielle de son départ. J'aime dire : « Les souvenirs nous permettent de bâtir des ponts entre nos esprits et nos cœurs, d'un monde à l'autre, nous devons les préserver et les chérir comme des trésors. »

Des histoires comme celle-ci, j'en ai vécues, elles sont toutes particulières. Certaines sont très émouvantes et d'autres plus drôles. Certaines passent rapidement comme un éclair, et d'autres vous marquent autrement. Comme ce matin-là, où je prends du temps avec mon chien d'amour, de grosses caresses et des bisous. Je lève ma tête et j'entraperçois Michel en transparence en train de nous observer. Michel était en quelque sorte le papa de mon chien. C'est grâce à lui que London est entré dans ma vie. C'est en Suisse que j'ai fait sa connaissance, grâce à une annonce sur les réseaux. Il avait une portée de petits yorkshires, il en restait deux et c'est London qui m'a choisie. Nous avions gardé un lien via les réseaux, et quelques fois il prenait des nouvelles. C'est toujours une sensation très bizarre de voir un esprit alors que vous pensez que la personne est encore en vie. Il était simplement venu me dire qu'il était parti et que son cœur avait lâché. Il était heureux de me voir donner tant d'amour à mon chien. Ce fut en un coup de vent, dirais-je, qu'on apprend ce genre de nouvelle et on a du mal à y croire. Ce qui est incroyable, c'est qu'il est venu le jour de son anniversaire. Machinalement, mon réflexe a été de lui mettre un mot sur Facebook, alors que je savais qu'il était mort. En regardant sa page, il était indiqué effectivement qu'il était décédé. Cela fut un choc, malgré sa visite en tant qu'esprit, j'avais du mal à réaliser. J'ai demandé à une de ses amies qui m'a bien confirmé qu'il était décédé dans son sommeil, son cœur avait lâché.

C'est toujours très intéressant de voir et de comprendre comment, en tant que médium, je reçois et perçois les messages. Ce qui se passe dans mon corps, ma tête et mon cœur à ce moment-là.

Un jour, lors d'une séance à deux, j'ai été très touchée par un contact. Des larmes coulaient sur mes joues, pendant que je continuais à donner le message qui s'adressait à une jeune fille perdue et déboussolée par la perte brutale de sa mère.



Cela avait fait écho en moi. Je n'étais évidemment pas effondrée, mais très en lien avec mon passé et ce qu'elle vivait. Je me suis fait remonter les bretelles par une traductrice qui nous accompagnait ce jour-là en me disant que l'on n'avait pas à montrer ses sentiments. Je l'ai trouvée ridicule et si froide. Ce n'est pas une faiblesse que de verser quelques larmes pour quelqu'un qui est en souffrance. Dans les messages que nous donnons, bien souvent j'entends me dire de la part de mon guide, entends bien ce message que tu donnes, car il est aussi valable pour toi-même. Il y a aussi des messages de consciences donnés par le monde des esprits et des guides lors de certaines séances. Dans la vie, il nous arrive de penser avoir travaillé sur des sujets qui hélas remontent à la surface lors de séances. Les messages du monde spirituel entrent en résonance avec nos croyances ou nos illusions pour remettre certaines situations dans leur contexte.

Et parfois même, le monde spirituel nous ouvre les yeux ! Il est très conscient de ce qui se cache au fond de nous. Nous avons beau porter des masques, les esprits lisent derrière. Ils captent également nos souffrances et savent combien cela nous est difficile de passer certaines épreuves. Mais ils feront tout leur possible pour que nous prenions conscience que nous ne sommes pas seuls dans les épreuves à traverser. La médiumnité est un outil merveilleux qui ouvre de nombreuses portes. Ce sont de magnifiques clefs pour communiquer avec le monde des esprits, mais aussi communiquer avec notre âme. Les messages sont si importants qu'ils nous permettent d'évoluer sur ce chemin qui est le nôtre, de l'éclairer et de nous guider.



Ce que je trouve regrettable aujourd'hui, c'est qu'il n'y a plus la notion du sacré dans cette pratique. Elle est galvaudée par certains, et distribuée n'importe comment sur les réseaux avec des messages qui ne sont pas véhiculés par l'esprit ou les guides, mais uniquement par le mental. C'est tellement dommage. Il n'y a plus ce petit bout de mystère et de magie, c'est devenu un business à part entière.

Il ne suffit pas d'avoir un flash ou une intuition pour être médium, il y a toute l'expérience et le travail sur soi que le médium doit réaliser durant des années. Le langage du monde spirituel est si simple que l'humain ne le comprend plus. Il ne suffit pas de faire un stage de quelques jours ou de se rendre dans un collège durant une semaine, puis de revenir chez soi et de mettre sa plaque de médium ou de thérapeute sur la porte. Ce n'est pas comme cela que cela fonctionne. La sagesse et les connaissances sont si importantes. Le recul est nécessaire aussi pour comprendre et assimiler toutes les informations reçues.

Les personnes qui prennent des cours ne vont pas forcément être des médiums professionnels. Cet apprentissage sert surtout à apprendre de soi, à s'écouter. La connaissance est déjà en nous. Cela nous oblige à aller à la rencontre de notre âme, à trouver cette sagesse qui est en nous pour mettre en lumière notre chemin.



Lors de mes rencontres avec certains peuples amérindiens, mexicains ou encore péruviens, l'initiation consistait à se reconnecter à soi, en étant seul, face à soi-même. De retrouver l'essence de qui nous sommes, de se relier à la Terre pour ensuite communiquer avec l'esprit, dans l'écoute du silence. Nous devons être capables de lire en nous avant tout, au travers de différents outils, comme la clairvoyance, le clair ressenti, etc.

Les spiritualistes nous enseignent que l'énergie vivante ne peut pas être détruite, elle se transforme en une forme différente. Lorsque nous mourons, nous continuons à vivre dans la dimension suivante de la vie. Chaque aspect de notre personne, qu'il soit physique, émotionnel, mental ou spirituel, crée une énergie marquée d'une empreinte, comme une trace derrière nous, dans tous les endroits où nous sommes passés. Un excellent médium pourra puiser dans cette énergie, peu importe le temps ou la durée.

Lorsque nous entrons dans un lieu pour la première fois, il y a immédiatement cette impression qui vous fait vous sentir bien ou mal. Rappelez-vous en amont mon histoire de la maison que je voulais acheter. Il s'agit là d'une réaction à l'énergie qui s'y trouve.



## L'expérience et la confiance dans la pratique du médium

Un médium continue tout au long de sa vie à se former grâce aux échanges et aux tests reçus par le monde spirituel. Il est essentiel pour lui de garder en tête deux choses :

La première est de toujours faire confiance lorsque vous êtes en contact avec le monde spirituel, car ce qu'il vous donne est juste. Si la réponse que vous donnez ensuite au consultant, ne correspond pas, c'est parce que vous n'avez pas su interpréter correctement la réponse reçue.

Mais il ne faut aucunement mettre en doute celle de l'esprit.

La deuxième est d'apprendre à gérer les refus, car si vous laissez une réponse négative vous affecter, c'est le moyen le plus rapide de vous décourager et de fermer les portes à votre médiumnité.

Me concernant, lors de mon apprentissage au collège, durant les cours, lorsque je recevais une réponse négative, il était important que je fasse confiance à ce que j'avais reçu comme réponse. Mes professeurs disaient que c'était dans l'expérience du non que l'on apprenait. La réponse positive encourage, mais ne nous apprend pas à jongler et à comprendre notre médiumnité. Aujourd'hui avec le recul, lorsque le consultant me dit non, c'est que je dois reformuler ma réponse ou bien qu'il ne connait pas lui-même la réponse ou ne se souvient pas. Cela permet au médium de s'orienter vers une autre façon de comprendre l'information du monde spirituel et de la reformuler différemment. Mais cela ne veut pas dire que lorsque le médium reçoit un non, il peut transformer ce qu'il a reçu en quelque chose de complètement différent. Attention, ce n'est pas la même chose.



Toutes nos capacités sont des cadeaux que nos sens intuitifs nous offrent. Si vous apprenez à les utiliser d'une manière différente et que vous les apprivoisez, cela deviendra naturel. Vos cinq sens et votre petite voix intérieure, une fois compris et maitrisés, sont d'excellents messagers pour vous-même. Nul n'a besoin d'être un médium professionnel pour explorer les vastes zones de potentiels qui se trouvent en chacun d'entre nous.

Devenez ce messager pour vous-même et votre vie changera ! Si vous ne le faites pas, ces cadeaux passionnants resteront inexploités pendant toute votre vie, et quel dommage.

Pour moi, ce qui est important, c'est de faire l'expérience. Souvent je dis qu'il n'y a nul besoin, en ce qui me concerne dans ce que je vis, de comprendre forcément la nature technique de la perception extrasensorielle, mais plutôt d'en appréhender les applications pratiques. Peu importe de réussir ou non l'exercice dans les séminaires ou durant une expérience, mais plutôt de comprendre comment l'outil fonctionne. Ce qui permet d'élargir les capacités de vos cinq sens et de vous donner ensuite les moyens de trouver de nouvelles façons de voir les choses, pour enfin utiliser correctement votre sixième sens.



Lorsque vous regardez votre télévision ou votre ordinateur, cherchez-vous à comprendre comment cela a été fabriqué ? Ce qui est important, c'est de pratiquer, de s'exercer. Certaines capacités seront simples, faciles et d'autres plus difficiles à comprendre et à maîtriser. Il y a de fabuleuses découvertes à faire. L'univers vous offre des ressources, et vous trouverez aussi les vôtres à l'intérieur de vous.

Votre intuition psychique est peut-être une inconnue pour vous, mais lorsque vous aurez le désir de vous connecter à elle, alors vous comprendrez que c'est une ressource et une richesse inestimable. Un puits sans fond d'où vous pourrez toujours vous abreuver.

Bien entendu, il vous faudra faire preuve de courage et de volonté pour aller à la rencontre de vos capacités psychiques. Votre esprit mental vous fera douter et se révoltera lorsque vous désirerez apprendre à utiliser ce potentiel qui est une autre partie cachée de votre esprit. Vous apprendrez à vous servir de cette autre façon de procéder, celle que l'on n'apprend pas sur les bancs de l'école ni au travail. L'intuition est la plus grande des richesses.

Grâce à elle, vous améliorerez votre vie, votre quotidien pour un cheminement plus lumineux, plus éclairant pour vous-même, certainement pour les autres aussi, et doté d'une plus grande sagesse.



Tout cela a l'air si simple et pourtant nous devons réapprendre ce langage, car malheureusement, nous avons été conditionnés à l'ignorer. Probablement par méconnaissance, mais aussi par peur, par superstition. Mais lorsque nous utilisons nos facultés à bon escient, pour transmettre, pour la guérison, pour communiquer d'une autre façon, cela apporte une belle harmonie, un équilibre se tisse entre notre cœur, notre âme et notre esprit.

Très tôt dans la vie, nous avons appris la logique et le rationnel. Rentrer dans les rangs, se fondre dans la masse et être conforme face à une société qui nous dicte ce qui est plutôt logique et rationnel pour notre mental. Nos blocages culturels nous ont menottés dès notre petite enfance. Nous perdons notre intuition innée et les merveilleuses capacités qui sont en nous. Nous encourageons plutôt un mental logique, rationnel et presque machinal pour des avancements technologiques de notre société, au détriment de notre esprit intuitif et émotionnel.

Les sciences ont tendance à négliger, voire à ignorer ces ressources en nous. Il ne s'agit pas de choisir entre l'un et l'autre, car nous avons besoin de raison et de logique, mais aussi d'inspiration, de créativité, d'intuition, d'émotion et d'amour.



Cette petite voix, notre intuition qui se manifeste à nous, sous la forme de communication interne, d'une sensation physique ou émotionnelle, même si on ne sait pas d'où elle vient, nous la percevons. Parfois, elle est si forte que nous ne pouvons pas l'ignorer. Elle existe bel et bien. Écoutez-là ! Elle est là pour vous protéger et peut-être vous avertir, alors faites-lui confiance, ou plutôt faites-vous confiance.

N'ayez pas peur d'aller à la rencontre de votre potentiel.

Je profite de l'histoire de ma fille pour vous raconter cette expérience intéressante et enrichissante. En tant que médium et maman, mon état émotionnel ne me permet pas toujours d'avoir de la clairvoyance pour mes proches ou moi-même. Pendant un temps, je percevais beaucoup de messages me concernant, maintenant c'est un peu plus compliqué. Ma fille n'est pas une grande demandeuse, car elle estime que l'on crée ce que l'on désire ou que l'on se laisse guider par la vie. Léa avait un grand doute quant aux choix à faire pour la suite de ses études. Inquiète, elle m'a demandé de lui faire une séance pour avoir un éclaircissement. Je lui ai répondu que cela m'était compliqué d'utiliser ma clairvoyance la concernant.

Cependant elle insista jusqu'à ce que je me pose avec elle en espérant qu'un flash me vienne. Il m'arrive, dans ces cas-là, de ne rien voir mais l'insistance et mon énervement enclenchent malgré cela ma clairvoyance. J'ai pris mon stylo et j'ai gribouillé dans un carnet des hiéroglyphes illisibles qui m'ont apporté des réponses.



J'ai commencé à lui donner des indications très détaillées : l'architecture du bâtiment, l'intérieur de celui-ci avec un détail important, des vitres entourées de fer forgé noir, et qu'il se trouvait face à de l'eau. Non pas une rivière, mais une étendue bien plus grande comme un océan, et entourée de grands arbres. Ce bâtiment semblait séparé par une autoroute avant de se trouver face à l'océan. À ce moment précis, ma fille n'avait aucun choix qui correspondait à cette description. Puis d'autres détails comme l'environnement dans lequel elle irait vivre, l'agencement des salles de cours et l'intitulé du Master. Entretemps, elle avait également postulé à l'étranger et avait eu une réponse positive, il fallait donc se décider rapidement. Cette voie-là ne l'emmenait pas directement vers ses préférences, mais elle gardait cela sous le coude au cas où.

La décision était à prendre le lendemain soir. N'ayant toujours pas d'autres réponses, elle était prête à la valider un peu à contre cœur. Je lui dis qu'elle devait garder confiance et que demain matin, elle aurait un coup de fil d'une faculté qui l'emmènerait vers son choix désiré.

Le lendemain matin, stressée et dans le doute, elle attendait ce coup de fil qui finalement arriva à dix heures. Elle n'en revient toujours pas des précisions apportées lors de notre séance et des détails qu'elle a découverts sur place.



Il s'est produit à nouveau exactement la même chose pour l'année suivante. Moi-même, je n'en reviens pas des prédictions apportées. Je suis toujours impressionnée de ces séances qui sont d'une justesse et d'une précision incroyable. Malgré la connaissance et la maitrise de mes facultés, je reste stupéfaite et passionnée.

## L'aura et l'énergie

J'aimerais aborder le sujet de l'aura, qui est aussi un moyen formidable pour lire et percevoir des messages. Jumelée à l'intuition, lors d'une lecture, elle devient une histoire à raconter. Pour faire simple, l'aura est représentée par un champ énergétique entourant nos différents corps. C'est un halo de lumière qui rayonne autour du corps et de la tête de chaque être vivant, des animaux et des plantes. Elle a aussi pour appellations : corps subtil, enveloppe, couche, ou corps éthérique. L'aura est donc composée de différentes structures vibratoires ou champs énergétiques, vitaux pour tout être vivant.

Chaque couleur de l'aura donne des indications bien précises concernant votre vie, votre passé, votre présent et votre futur. Vos émotions, vos pertes, vos souffrances, vos maladies, et même vos chers disparus sont lisibles lorsque vous faites une lecture de votre aura. Ses fines couches éthériques sont visibles par certaines personnes.



Lorsque j'interprète l'aura d'une personne, c'est un peu comme si je la radiographiais. On peut lire beaucoup d'informations et de messages dans ce champ énergétique. Par ailleurs, votre aura se dissipe et se sépare de votre corps physique lorsque vous mourez, car cette énergie ne peut pas être détruite. Mes enseignants spiritualistes m'ont dit qu'on ne savait pas encore vraiment où allait cette énergie. Certains diront qu'elle fusionne avec l'énergie collective de l'univers, d'autres encore pensent qu'elle peut se regrouper lorsque vous vous réincarnez.

Lorsque je prends un avion, avant l'embarquement, je regarde toujours les auras des personnes pour bien m'assurer que je les vois. Car s'il n'y a plus d'aura, il n'y a plus de vie. L'aura est cette énergie vitale qui nous entoure et nous protège aussi. Je me souviens d'une personne que j'avais rencontrée en Angleterre et qui elle aussi voyait les auras. Elle m'a raconté son histoire ou plutôt son cauchemar.

Un jour, elle devait prendre un car pour faire un voyage. Lorsqu'elle est entrée dans le car, tout le monde était déjà là car elle était en retard. Elle visualisa ce groupe et était choquée de ne pas voir les auras entourant les têtes des personnes. Elle décida immédiatement de quitter le car et de ne pas faire ce voyage. Elle apprit deux heures après que le car s'était écrasé au fond d'un ravin et qu'il n'y avait eu aucun survivant.



Tout autour de nous est énergie. L'univers entier est énergie. Cette énergie rayonne tout autour du vivant. L'énergie des êtres vivants est changeante, elle se déplace à travers chacun d'entre nous, à son propre rythme. Chaque être vivant, chaque élément possède une vibration unique. Cette vibration énergétique appartient à une personne comme une empreinte digitale, il n'en existe pas deux identiques.

Voir les auras vous permet de savoir instantanément ce qui se passe émotionnellement et physiquement chez les personnes que vous rencontrez. C'est un pas tout aussi important vers le développement de vos capacités psychiques, que d'apprendre l'intuition. Il est également important de comprendre comment l'énergie affecte votre aura. Qu'elle soit positive ou négative, elle aura un impact sur vous et sur votre entourage mais aussi sur votre environnement.

Bien entendu, les pensées et les sentiments négatifs sont des énergies extrêmement puissantes. Votre pensée crée votre réalité. Si vous cultivez des pensées d'amour, de bienveillance, de compréhension, etc., vous aurez en retour cette abondance positive. En revanche, si vos pensées sont remplies de méchanceté, de haine, d'envie et de jalousie ou bien même de peurs ou de manipulations, vous attirerez les conséquences de ces pensées dans votre vie et vous en aurez le retour. C'est l'effet boomerang. L'énergie générée par ces pensées et ces émotions imprimera votre aura. Lorsque je fais une lecture de cette énergie dans votre aura, elle s'exprime sous différentes formes de couleurs.



Les couleurs donnent le ton de votre caractère, de votre tempérament, de vos émotions, de vos actions, etc.

Il existe des livres qui font une interprétation de ces couleurs, mais ce n'est pas toujours juste. En effet, la couleur, même si elle a une codification, c'est l'interprétation du médium et les sentiments qu'il ressentira grâce à cette couleur spécifique qui donnera le ton. Elle devra aussi être interprétée en fonction du ressenti et de la lecture psychique qui s'ensuit.

Je m'explique. Par exemple, le rouge peut représenter la colère, comme il peut représenter le feu qui vous anime concernant une passion que vous vivez à ce moment. On n'attribue pas pour toujours ce rouge définitivement à la personne. Il y a souvent une ou deux couleurs dominantes qui varient en fonction de vos mouvements et de votre évolution.

Quand votre aura contient des couleurs sombres ou troubles, qu'elle semble terne ou faible, alors votre couche aurique ne sera pas en grande expansion, elle ne s'étendra pas très loin de votre corps physique. Cela indique une faible vitalité, une vulnérabilité et peut signifier un problème physique, émotionnel ou mental, comme une dépression. La dépression affaiblit l'énergie de votre aura, comme le stress et l'anxiété. Une personne manipulatrice ou avec un fort charisme se verra attribuer une couleur très dominante que l'on perçoit rapidement. Celle qui est totalement perdue ou manque grandement de confiance est marquée par une couleur d'aura différente. Au final, lorsque vous gérez correctement ce langage des couleurs, il vous apportera bon nombre d'indications. Et si vous faites bien attention à votre ressenti ou clair ressenti, là encore, vous pourrez déjà comprendre beaucoup de messages transmis par vos perceptions.



## Les couleurs dans la médiumnité

Les couleurs ont une importance fondamentale concernant notre énergie vitale. Chaque couleur possède une onde vibratoire avec une fréquence déterminée, qui produit des résultats définis dans l'organisme physique des êtres humains. C'est pour cela que l'art médiumnique et la peinture inspirée font partie intégrante de la médiumnité. Ils sont une autre forme de communication entre le monde des esprits et celui des incarnés, et ils s'appuient sur une approche artistique afin de toucher plus facilement la sensibilité enfouie au fond de chaque être. Cette communication médiumnique existe depuis la nuit des temps, on l'appelle aussi « canalisation », « communication intuitive ».

C'est une communication par la pensée, d'esprit à esprit (incarné ou/et désincarné), voire d'âme à âme en ce qui concerne l'art psychique. Il n'y a donc rien d'exceptionnel à cela, pour moi ce sont des facultés naturelles. Cet art nous permet d'exprimer, au travers du monde de l'invisible, des émotions extraordinaires et de faire passer des messages qui sensibiliseront ceux qui les reçoivent.



Pour ma part, je suis l'artiste et la médium incarnée qui n'est que l'intermédiaire, le canal d'un véritable artiste désincarné ou d'un guide que je laisse s'exprimer. Je suis, je deviens à ce moment-là un instrument au service de l'esprit qui exprime son art à travers moi : portraits de défunts ou de guides spirituels, peintures du monde spirituel ou encore de l'âme de la personne lorsqu'il s'agit d'auragraphes.

La peinture médiumnique ou psychique est un mode de communication agissant au moyen de vibrations élevées. Ces peintures sont là aussi pour faire émerger la sensibilité artistique enfouie au plus profond de chaque être humain. Elles émettent des énergies hautement vibrantes, « chargées énergétiquement » par les esprits ou le monde spirituel et perceptibles par nous. Elles sont même thérapeutiques dans certains cas. Vous comprenez que l'art médiumnique est beaucoup plus qu'une simple expression artistique.

En clair, l'art spirituel ou art psychique est une forme d'art sensible influencé par le monde des esprits. Un communicateur spirituel influence la conscience de l'artiste, ce qui permet de transmettre des informations et des messages par le biais de l'art et de la médiumnité à un destinataire dans notre monde. Pour moi l'art est le réconfort de l'âme. C'est une richesse et une nourriture pour son évolution.



*« Quand l'art se met au service de la lumière, il fait briller notre âme. »* Bernadette Klein.

Vous pouvez toucher à toutes ces facettes dans le domaine de la médiumnité. C'est un chemin de développement personnel et de découverte, un merveilleux voyage pour l'âme qui demande de l'honnêteté, de la discipline, de l'engagement et de la patience.

## Protéger son énergie

Il y a aussi des personnes d'apparence normale qui puisent votre énergie sans s'en rendre compte. On appelle cela « vampiriser l'énergie ». Ce sont des personnes en mal de vivre, très néfastes et négatives, souvent en colère ou égocentriques. Lorsque vous êtes en contact avec ce genre de personnes, vous serez très vite fatigués et surtout démoralisés, avec une baisse d'énergie considérable, même si vous avez passé très peu de temps en leur compagnie. En bonus, vous ne comprendrez probablement pas tout de suite que cela vient d'elles, et vous vous poserez la question : Mais que m'arrive-t-il ?

Dans mes cours, souvent je dis que vous n'avez pas à vous laisser voler votre énergie, et à y laisser entrer n'importe qui. Il y a bien entendu plusieurs moyens de se protéger de ces personnes. Mais la protection la plus efficace, est de les fuir, une fois que vous les aurez reconnues. Il y a un bon indicateur pour cela. Si vous baillez sans raisons, plusieurs fois d'affilée, alors posez-vous la question, car la personne est déjà en train de vous prendre de l'énergie. Que vous soyez en présence ou au téléphone avec ce type de personnes et si cela dure plus de 10 minutes, votre énergie est alors vampirisée.



Ayez des pensées positives pendant tout le temps qu'elles se plaignent, et surtout, ne vous impliquez pas émotionnellement dans leurs problèmes. Si vous avez besoin de protection, vous pouvez mettre en place ce que l'on appelle une barrière mentale autour de vous qui vous protégera de leur pollution. Imaginez une lumière blanche qui vous entoure, comme une bulle de savon transparente empêchant toute énergie négative de pénétrer dans votre champ aurique.

Vous pouvez également vous répéter dans votre tête : Tout ce que tu m'envoies, je te le renvoie car cela ne m'appartient pas. Et toujours en toute bienveillance, sans y ajouter un sentiment. Un maître bouddhiste m'avait donné le conseil de croiser les bras le plus simplement possible, au-dessus du plexus solaire, car les bras croisés protègent physiquement notre chakra des effets néfastes de l'énergie négative de celui qui vous vampirise.

Le meilleur des boucliers reste votre forte attitude positive, qui élève votre taux vibratoire, ainsi votre champ aurique sera moins impacté.

N'oubliez pas que lorsque vous ressentez les vibrations des autres, même sans vous en rendre compte, vous captez l'énergie de leurs auras. Alors, si cela ne va pas, remémorez-vous toujours : À qui ai-je parlé, à qui je viens de penser, à quel endroit suis-je passé, ou avec qui ai-je eu une conversation téléphonique ? Cela vous permettra aussi de comprendre que cette énergie ne vous appartient pas, même si vous l'avez captée.

L'humain se crée ses propres expériences de vie, il est l'auteur de son livre. Son bonheur ou son malheur se réalise dans la matière et il s'étonne de ce retour de vie qui ne lui convient pas. Mais il ne comprend pas que ses schémas de pensées sont peut-être erronés ou que le lien entre ses attitudes et ses perceptions est différent de ses attentes et de la manière dont il interprète ensuite sa vie.

C'est pour cela qu'il est si important d'écouter sa voix intérieure et de faire confiance à son intuition. Lorsque vous laissez votre pensée rationnelle prendre le dessus sur une intuition que vous avez, cela peut vous causer bien des soucis. Ignorer cette intuition a des conséquences, parfois bien malheureuses, comme faire un mauvais choix, un mauvais investissement, ou pire encore.

Un anesthésiste m'avait raconté que lors d'une intervention, le chirurgien lui avait demandé d'injecter du curare, en plus de l'anesthésiant, à une patiente pour une opération des cervicales. Il faut savoir que le curare a un effet de relâchement musculaire. C'est un produit naturel, issu des lianes grimpantes que l'on trouve au cœur des forêts d'Amazonie.



Les guerriers amérindiens s'en servaient pour concevoir des flèches empoisonnées, capables de paralyser les ennemis touchés, voire de les tuer, car à une forte dose cela entraînait la mort.

De nos jours, on retrouve ces produits dans nos hôpitaux pour diverses opérations, et utilisés à bon escient, les curares peuvent également sauver des vies. Malheureusement leur usage n'est pas sans risque, et on dénombre plusieurs effets secondaires indésirables. Il arrive parfois que ce n'est pas à la première prise que cela pose problème, mais à la seconde. Ce qui a été le cas pour la patiente en question.

L'anesthésiste avait eu une intuition forte, celle de ne pas utiliser ce produit. Bien évidemment, il était ouvert à ses perceptions, conscient de son sixième sens et donc à l'écoute de cette voix intérieure. Après avoir mentionné à plusieurs reprises au chirurgien qui dirigeait l'opération de ne pas l'administrer, ce dernier lui a ordonné de rajouter le curare pour une meilleure détente des muscles de la patiente, en vue de son opération, sans prendre en compte les remarques de cet anesthésiste. La femme est décédée quelques heures après l'opération suite à une réaction allergique des plus violentes.



Je vous relate une histoire qui est extrême, mais qui illustre le fait que nous recevons des messages et nous n'y prêtons pas attention. Il y a des informations que la petite voix nous donne, mais aussi toutes les informations que notre corps capte et qu'il nous transmet. Il y a des années de cela, mon ex-mari et moi avions fait la connaissance d'un homme qui tenait une pizzeria. Ses pizzas étaient un délice et nous allions fréquemment y manger. Nous avions sympathisé et régulièrement, en fin de service, nous prenions un dernier verre ensemble. Un jour, Pépino, c'est comme cela que je l'appelais, dut se faire opérer pour un problème de prostate. Rien d'alarmant mais, vu son stress, sa demande était de se faire anesthésier par mon ex-mari, cela le rassurait. Il me fit promettre de lui rendre visite avant son opération pour le tranquilliser. Les résultats sanguins étaient plutôt bons et la date de l'intervention fut fixée. Un soir, j'entendis l'urologue parler à mon ex-mari de sa date de sortie de clinique qui varierait en fonction de son état. Rien d'anormal, pourtant un flash me vint et je dis à Doc (mon ex-mari était anesthésiste et je l'appelle encore aujourd'hui Doc) : « Le monde spirituel me montre que Pépino n'a plus que trois semaines à vivre. » Mon ex-mari me dit que ce n'était pas possible et que tout se passerait bien pour lui, qu'il n'y avait pas d'inquiétude à avoir car il serait entre de bonnes mains. Je lui répondis qu'il ne mourrait pas de son problème d'urologie, mais d'un problème de poumon.



Deux semaines s'écoulèrent et Pépino entra à l'hôpital pour son opération. Comme promis, j'allais lui rendre visite. Il était content, nous riions ensemble car il avait toujours une blague dans sa poche. Quand soudain, d'un air sérieux, avec son profond regard noir, il me regarda droit dans les yeux et me dit : « Je vais mourir, n'est-ce pas ? Tu ne me dis pas tout. » Je le rassurais comme je le pus avant son opération, il était important qu'il reste serein. Je rentrai à la maison mais je n'étais pas tranquille du tout. Doc essaya de me rassurer à son tour, mais je restais bloquée sur cette troisième semaine. L'opération se passa magnifiquement bien. La veille de la sortie de clinique de Pépino, Doc et moi étions en voiture quand l'urologue l'appela pour lui donner les résultats concernant des examens pulmonaires, suite probablement à mon ressenti. Doc ne m'avait rien dit, mais j'entendis le chirurgien annoncer que les résultats étaient bons et qu'il pourrait sortir le lendemain. En raccrochant, Doc me dit : « Tu vois, tes ressentis n'étaient pas justes. » Ce n'est pas un problème pour moi de me tromper, bien au contraire pour ce genre de cas. Nous étions à la veille des trois semaines de mon flash et, intérieurement, je vous avoue n'avoir plus rien dit à Doc, mais une voix me disait bien le contraire. Samedi matin, le bon de sortie était signé et Pépino, assis sur son lit, mit ses chaussures. Il fit une embolie pulmonaire et décéda peu de temps après. Nous étions à la fin de la troisième semaine quand mon ami Pépino s'envola vers une autre destination. Voyez-vous combien il est important de rester dans sa confiance, lors d'une intuition. Je ne dis pas de rester buté sur une fausse idée. Il faut faire attention entre nos capacités imaginaires qui ne sont pas réelles et notre intuition qui est si juste.



Ce n'est pas évident de se faire confiance, et être trop confiant peut aussi vous faire défaut. La justesse de vos perceptions se gagne par la volonté, par la pratique.

Un jour, dans mes cours, lors d'un exercice de clairvoyance, une élève me dit qu'elle me voyait entrer à l'hôpital. Elle me décrivit une scène qu'elle percevait dans le futur et que je devais être très prudente. Je demande toujours aux élèves de rester vigilants quant aux images qu'ils perçoivent et de rester dans la bienveillance et la positivité. Je ne veux pas de messages négatifs. Elle était persuadée de son flash. Je n'ai pas pris en compte ses visions que je ne sentais pas justes. Quelques mois plus tard, c'est malheureusement elle qui a été hospitalisée.

Il faut toujours rester très prudent quant aux informations que l'on transmet, surtout lorsque l'on ne maîtrise pas son outil médiumnique. Je suis triste de voir des personnes arriver aux séminaires et vouloir apprendre à découvrir leur guide, toucher des énergies puissantes et élevées. Les utiliser pour s'en servir et guérir l'autre. Ce sont bien souvent de si beaux moments magiques partagés dans les groupes. Il n'y a pas de place pour le jugement de l'être spirituel. Lorsque l'on permet à l'autre de travailler dans notre énergie, on lui donne notre confiance et il a la responsabilité d'être dans la bienveillance.



Le jugement fait partie malheureusement de la race humaine. Sachez que juger l'autre, c'est porter un jugement sur soi.

Que se passe-t-il lorsque vous travaillez avec une personne qui vous juge ?

Et bien, son énergie se mélange à la vôtre. Puis l'élève se sent mal, il ne comprend pas ce qui se passe immédiatement, mais son énergie au contact de l'autre va faire baisser sa vibration, et pour peu que l'autre soit dominant, elle va s'affaiblir et le rendre mal. Il va continuer de se préoccuper de son état et n'arrivera plus à écouter la suite des instructions et il va gâcher sa journée de stage, s'il n'arrive pas à prendre suffisamment de recul. Pour moi, la médiumnité et le partage sont des portes qui nous conduisent au seuil de notre propre éveil. Alors parcourons ce chemin dans la bienveillance et la compassion. C'est aussi cela que j'enseigne dans mes séminaires.



Je suis passionnée par la médiumnité et ce qu'elle peut apporter. Sous toutes ses formes, elle est un excellent outil de compréhension et d'évolution. Elle ne sert pas uniquement à devenir un médium, elle nous guide et éclaire notre chemin de vie. L'enseigner pour moi est l'évolution logique inscrite sur le chemin de ma destinée. Mais malgré la passion qui m'anime et mes compétences, ainsi que ma pratique durant toutes ces années, j'ai bien compris qu'il n'est pas possible de rédiger un manuel complet sur la manière de devenir un bon médium. Il faut beaucoup de temps, d'engagement et de pratique. Les spiritualistes ne vous le répéteront jamais assez « pratiquez, pratiquez, pratiquez ». Il y a aussi le degré de compréhension de chacun et l'évolution qui entre en jeu.

« Malheureusement, de nombreuses personnes veulent enseigner la médiumnité, même si elles n'ont pas l'expérience suffisante et la qualité nécessaire pour le faire. »

Lorsqu'il travaille avec un élève, le médium doit être conscient des énergies qui l'entourent et des esprits qui communiquent avec lui.

Les spiritualistes disent que nous sommes tous des esprits et que nous pouvons tous avoir cette conscience avec l'esprit. Il n'y a pas de limites au développement de la conscience psychique, mais le degré auquel cela peut se produire varie considérablement. Les personnes spécialement douées et nées pour être médiums ne sont peut-être qu'une sur quelques milliers, disait mon mentor Paul Jacobs, ancien président de la SNU. La plupart des gens peuvent apprendre à faire de la cuisine simple. Certains peuvent devenir très compétents dans ce domaine, mais très peu deviendront des chefs étoilés, et il en va de même pour la médiumnité. Néanmoins, de nombreuses personnes peuvent êtres aidées et guidées pour se servir correctement de ce bel outil.



Je vous laisse découvrir un article fort intéressant du journal *Psychic World*, de mai 1993, qui est la dernière interview de Gordon Higginson, que j'ai évoqué au début de ce livre.

*« Dans la dernière grande interview de sa carrière, Gordon Higginson a parlé honnêtement et librement de ses espoirs et de ses aspirations pour l'avenir du spiritualisme.*

*S'adressant à Psychic World quelques semaines seulement avant son décès, M. Higginson a également abordé les questions fondamentales affectant le mouvement (spiritualist) et, dans le style caractéristique qui lui a valu tant de respect au fil des ans, il a lancé un appel pour que le spiritualisme soit mieux organisé.*

*L'ancien président de la SNU n'a jamais eu peur de dire ce qu'il pensait, et il n'a jamais hésité à parler des différents problèmes du mouvement spirituel.*

*Sa dernière interview est un hommage à ces faits et, plus important encore, un témoignage durable de ses objectifs et de ses idéaux. Nous la publions avec fierté, car elle témoigne du dévouement et de la passion d'un homme. Par-dessus tout, elle donne un aperçu de l'esprit d'un militant de longue date pour la vérité et l'apprentissage spirituels, qui était sans aucun doute un véritable champion du spiritualisme.*



*Dans un entretien franc et direct avec Psychic World, donné juste avant Noël de l'année dernière (1992), Gordon Higginson a exprimé son optimisme quant à l'avenir du mouvement, mais a également lancé un avertissement aux églises spirites qui ne sont pas prêtes à répondre aux besoins de la demande publique.*

*"J'aimerais voir beaucoup plus de changements se produire" a déclaré M. Higginson. "Les églises se portent très bien, mais elles doivent encore se secouer un peu. Nous recevons beaucoup de demandes, en particulier de la part de jeunes qui s'intéressent au sujet, et leurs idées sont totalement différentes des nôtres. C'est pourquoi nous devons essayer de créer un mouvement qui soit acceptable pour les gens. Il ne sert à rien*

*de se plaindre que nous avons mauvaise presse ou que notre image n'est pas aussi bonne que nous le souhaiterions. Je pense que c'est au Mouvement Spirituel dans son ensemble de regarder où nous allons et de travailler collectivement pour y remédier."*

*S'exprimant depuis le collège Arthur Findlay à Stansted Hall, M. Higginson a poursuivi : "Nous devons mieux nous organiser. Cependant, en disant cela, je crois qu'à certains égards, nous sommes victimes de notre propre succès. Parce que le spiritisme fait l'objet d'une telle demande de la part des gens, nous avons besoin d'au moins cinq mille médiums pour satisfaire leur intérêt. Or, quand on regarde la situation, nous n'avons probablement qu'un millier de médiums disponibles."*



*"Lorsque vous vous rendez compte de cela, a poursuivi M. Higginson, il est évident que nous manquons de médiums. Certains d'entre eux sont très bons, mais d'autres le sont moins. Malheureusement, ils parcourent le pays et l'étranger pour nous représenter, alors que nous préférerions qu'ils ne le fassent pas. Le problème vient en partie du fait que les nouvelles églises qui s'ouvrent, ou les églises qui ne voient pas très loin, ne trouvent pas de médiums compétents dans les environs - seulement ceux qui ne sont pas particulièrement bons et qui, par conséquent, ne sont pas réservés."*

*Interrogé sur les raisons sous-jacentes de cette situation, M. Higginson a expliqué : "Les églises sont actuellement prêtes à accepter n'importe qui, et ce parce que le niveau des secré-*

*taires d'église n'est pas aussi bon que nous le souhaiterions. Certaines sont excellentes, mais de nombreuses églises ont des difficultés à placer les bonnes personnes aux bons postes. Il s'agit de toute façon d'un travail non rémunéré. C'est pratiquement une occupation à temps plein, il faut donc trouver quelqu'un qui n'a pas besoin d'être payé et qui est prêt à donner de son temps. Comme vous pouvez l'imaginer, ce n'est pas facile."*

*Afin de remédier à la situation, il a exposé la politique de la SNU : "Nous nous attachons maintenant à développer des médiums ici à Stansted, et à leur donner le sceau d'approbation du Collège - de sorte que nous puissions dire que cette personne est un bon médium. Cela ne peut se faire qu'après une évaluation préalable de leurs capacités, et fournit une recommandation à quiconque envisage de les engager."*



*"Je pense que le collège a contribué à nous établir dans le monde entier. Nous avons accueilli des personnes venant d'aussi loin que la Chine et le Japon, certaines restant même jusqu'à un mois pour étudier le spiritisme. Je pense que cela prouve incontestablement que l'intérêt est croissant et que l'avenir est très prometteur. À mon avis, nous sommes le mouvement qui se développe le plus rapidement dans le monde, à l'heure actuelle."*

*"En fait, poursuit M. Higginson, nous avons l'intention d'agrandir le collège dans les années à venir, de le reconstruire et d'y installer notre propre clinique."*

*La SNU se félicite également d'un partenariat plus étroit avec la communauté scientifique, une attitude que M. Higginson est convaincu que le mouvement doit adopter afin de promouvoir une politique plus progressiste.*

*"Nous devons coopérer beaucoup plus avec la science que nous ne l'avons fait jusqu'à présent. Nous nous y intéressons désormais et travaillons en étroite collaboration avec le professeur Archie Roy, président de la Society for Psychical Research [1992-1995].*

*En fait, nous avons constaté que, parce que c'est un homme qui a une certaine connaissance du spiritualisme et qui a d'énormes capacités, nous sommes en mesure de travailler beaucoup plus facilement avec la science dans ce domaine."*

*Je pense que tous les aspects de la médiumnité devraient être traités scientifiquement. Si nous ne le faisons pas, je pense que nous n'irons nulle part a ajouté M. Higginson."*

*Reconnaissant l'importance de la technologie moderne, le président de la SNU a évoqué la possibilité de filmer une séance physique pour la première fois dans l'histoire du mouvement.*

*"Je pense que ce serait extrêmement important. J'ai moi-même participé à une expérience dans ce sens. Nous avons reçu un groupe d'Allemands qui avaient déjà participé à une séance et qui ont dit qu'ils aimeraient essayer d'en filmer une. J'ai accédé à leur demande et j'ai dit que je le ferais. Mais cela ne s'est pas passé comme prévu.*

*Ils avaient tout préparé et la caméra vidéo fonctionnait. Au moment précis où l'ectoplasme sortait de mon corps, la lumière de la caméra s'est soudain allumée. Bien sûr, cela a pro-*

*voqué un coup de fouet lorsque l'ectoplasme s'est précipité dans mon corps. J'ai été assez gravement brûlé.*

*Heureusement, un chirurgien de la police était présent à la séance et il m'a tout de suite soigné. Il m'a dit que s'il n'avait pas été là, il n'aurait pas cru qu'une telle brûlure ait pu être causée. Il voulait que j'aille à l'hôpital, c'était aussi grave que cela. En fin de compte, nous avons tous tiré une leçon très précieuse de tout cela. Tout d'abord, il faut demander la permission au monde des esprits si l'on veut essayer quelque chose de ce genre. Je ne l'ai pas fait et j'en ai subi les conséquences.*

*Nous semblons parfois oublier que nous avons besoin de la coopération de leur côté de la vie, tout autant que du nôtre.*



*En ce qui concerne les films vidéo, je pense que nous devrions réaliser qu'il ne s'agit pas seulement de capturer des tables en mouvement ou des trompettes en lévitation. Nous nous rendons compte aujourd'hui que ce genre de phénomènes peut être provoqué par l'esprit, sans aucun contact avec le monde spirituel.*

*Le public a également vu des effets de cette nature lors d'émissions de magie à la télévision. Ce que nous devons faire, c'est démontrer qu'il y a un esprit désincarné derrière le mouvement des objets filmés. Si une matérialisation de quelqu'un comme Winston Churchill était filmée, cela ne constituerait-il pas une preuve encore plus puissante ?*

*En premier lieu, bien sûr, l'idée que Churchill ou toute autre personne spirituelle attende simplement que quelqu'un l'ap-*

*pelle lors d'une séance de spiritualisme n'est pas vraie. Cependant, dans les bonnes circonstances, je suis sûr que cela peut se produire.*

*J'ai des photos de matérialisations et elles sont tout à fait fascinantes. Je suis absolument certain que si vous aviez un enregistrement vidéo de tels phénomènes, il susciterait un grand intérêt parmi les spirites.*

*En ce qui concerne la médiumnité physique, M. Higginson a défendu le bilan de Stansted Hall en matière de développement de ce don psychique particulier, et a souligné qu'Arthur Findlay avait laissé le collège à la SNU "sans conditions".*

*"Bien sûr, nous avons très bien réussi à promouvoir la médiumnité mentale. (En ce qui concerne la médiumnité physique, nous nous sommes efforcés d'organiser ici des ateliers appelés Semaines des phénomènes physiques, au cours desquelles nous mettons tout en œuvre pour découvrir si quelqu'un possède ces pouvoirs.)*

*L'un des problèmes que nous avons rencontrés, c'est que nous n'avons pas de personnes dans le pays qui puissent nous aider à développer cette forme de médiumnité.*

*Arthur Findlay était bien sûr très intéressé par cette branche du spiritisme lorsqu'il était en vie, mais lorsqu'il a légué le collège à la SNU, il voulait qu'il soit utilisé comme une école pour les médiums. Il n'a pas précisé qu'il devait s'agir de médiumnité physique.*

*Je suis le seul médium vivant aujourd'hui à lui avoir donné une séance, et je sais donc mieux que quiconque ce qu'il voulait. Maintenant, se conformer à ce qu'Arthur Findlay voulait que nous fassions à l'origine avec le collège, aurait été impraticable et nous n'aurions pas pu le faire.*

*Par exemple, il ne voulait que très peu de personnes à la fois, ce qui n'aurait pas été financièrement viable. Toutes ces choses lui ont été signalées et, avant de mourir, il nous a fait un cadeau, sans conditions, en disant qu'il espérait que nous l'utiliserions toujours comme collège.*

*En retour, nous avons accepté ses souhaits, mais nous n'allons pas spécifier une chose en particulier. Ce que nous voulons faire, c'est enseigner le spiritualisme et, bien sûr, former des gens" a déclaré M. Higginson.* »



Personnellement, j'aimerais aussi donner mes impressions à ce sujet. J'ai toujours été très honnête et authentique, sans vouloir heurter qui que ce soit. J'aimerais vous faire savoir que ce n'est pas parce que l'on est enseignant au collège ou ailleurs que l'on est forcément un très bon médium. D'ailleurs, mon mentor ne se gêne pas de le dire, encore aujourd'hui.

À mes débuts, j'ai vénéré certains professeurs. Comme beaucoup d'élèves, je les ai mis sur un piédestal, puis au fur et à mesure de mon avancement, j'ai compris bien des choses. J'ai assisté au décor de la scène et à l'envers du décor.

J'ai vu des choses qui ne m'ont pas forcément plu, ne faisant pas partie de mes valeurs. J'avais oublié que nous sommes tous des humains venus pour apprendre et expérimenter. J'ai rencontré des personnes spirituelles avec une morale sans grande valeur, et des personnes dans une simplicité et dans une bienveillance incroyable, généreuse, inégalable face à des spiritualistes ou des personnes spirituelles. Je constate encore que beaucoup de personnes qui ont ce besoin de reconnaissance ne jurent que par les enseignants du collège ou des institutions autres, qui ont certaines références, ce que je peux comprendre. Mais sachez que dans ces milieux, des personnes se proclament spirituelles uniquement par leur parole et non par des actes. Malgré des « références ».



Un médium est capable d'avoir des visions futuristes, de voir clairement comment la vie de la personne va se dérouler, mais aussi de lui donner des détails bien précis.

Ces prédictions sont possibles par un médium qui a travaillé sa médiumnité et surtout qui a compris comment lire et interpréter ce qu'il reçoit. Malgré ses capacités, il ne pourra pas toujours le faire aussi précisément, car bon nombre de facteurs interviennent. Parfois, il pourra être précis à cent pour cent, et d'autres fois il sera juste mais avec moins de détails. Et quelques fois, il n'y arrivera pas, cela arrive aussi. Mais en général, lorsque vous vous adressez à un médium capable de passer à ce niveau supérieur, il devrait être en mesure de savoir ce qui est écrit. Tout en sachant que certaines destinées peuvent être modifiées par vous-même. Peu importe le chemin que vous empruntez, le médium sera en capacité de vous donner une lecture des routes que vous pourriez emprunter, sauf si le monde spirituel s'y oppose, alors il ne pourra pas accéder à la vision. En revanche, la décision vous appartient, ce n'est pas le médium qui décide pour vous.

Aucun médium ne devrait donner d'informations avant d'être certain d'être accompagné par le monde spirituel lorsqu'il travaille à ce niveau supérieur. Nous sommes en communication avec d'autres mondes, avec d'autres dimensions. Lorsque nous recevons des communications du monde des esprits, ils nous remplissent de connaissances, d'idées et de pensées, qui nous parviennent sous formes d'images. Par l'expérience, nous apprenons à les interpréter. La fiabilité dépend beaucoup du niveau à partir duquel la communication est donnée. C'est pourquoi l'importance du développement est nécessaire pour bien saisir le langage de ces images, ainsi que notre propre expérience.

J'ai beaucoup appris en observant ma propre médiumnité. Je travaille depuis de longues années et j'ai compris beaucoup grâce aux nombreuses séances données. Il y a aussi des médiums qui seront plus à l'aise en travaillant en séance individuelle. Travailler en public est différent. Les deux sont très intéressants, j'aime les deux, mais je trouve que pour passer certains messages, il est plus correct de les donner en séance privée.

## Tous médiums ?

Les spiritualistes disent que les médiums naissent avec un sixième sens éveillé, qui est un sens spirituel. Il y a une énorme différence entre la clairvoyance psychique et la clairvoyance qui est purement médiumnique.

La clairvoyance peut être utilisée à deux niveaux. On peut être clairvoyant sans être médium. Le médium est clairvoyant et médium par le fait qu'il communique avec l'esprit de personnes qui ont quitté cette vie terrestre ainsi que d'autres sphères.



J'ai demandé à Helen Davita, enseignante médium au collège Arthur Findlay, si tout le monde était médium. Voici sa réponse : « *Je pense que nous en avons tous les capacités dans une certaine mesure, mais que tout le monde n'a pas le destin ou le désir de l'être. Le libre-arbitre, le destin ou le désir entrent en jeu.* »

J'avais posé cette question à mon enseignant Paul, lors de mon cursus au collège, il m'avait répondu : « *Non, tout le monde ne peut pas être un médium. Même si certains de mes collègues médiums disent le contraire. Pardonnez-moi, mais c'est une manière d'obtenir beaucoup de clients ou d'étudiants.*

*Paul dit aux étudiants que chacun d'entre nous peut être un médium si nous avons la bonne formation, le bon type d'esprit, (mental). Il n'y a aucune limitation car le mot médium vient du mot grec âme, donc nous avons tous une âme et vraiment, ce n'est pas qu'une expression.*

*Je dis cela parce que nous sommes tous des esprits, nous sommes capables d'avoir « peut-être » une conscience et « peut-être » des expériences spirituelles. À des degrés différents, mais pour être capable de le développer, là où il est d'une utilisation cohérente et régulière et de pouvoir l'utiliser pour d'autres personnes, je dirais non. Car ce que nous devons vraiment examiner et je pense que c'est ce que nous oublions dans les messages, ce qui manque, c'est de développer le pouvoir de l'esprit afin que le monde des esprits puisse nous toucher et nous émouvoir dans tous les domaines de la vie.*



*Si nous pouvons développer ce pouvoir, nous pourrions tous être émus par le monde des esprits, nous pourrions tous être médiums, guérisseurs, etc. Malheureusement, beaucoup de personnes sont limitées par elles-mêmes, quant à la mesure avec laquelle elles peuvent réagir à leur pouvoir. Je vous encourage à réussir à développer ce pouvoir en vous, cette voix intérieure en étant dans votre foi. »*

## Les guides spirituels

C'est la même chose en ce qui concerne le monde spirituel, le monde des esprits. L'amour est le pont qui vous permet de rester connectés. Les spiritualistes disent que la médiumnité unit les deux mondes, pour n'en faire qu'un. C'est cheminer vers une ouverture du cœur, apprendre à s'aimer pour ensuite cheminer vers l'amour du monde spirituel. Cet amour est indéfinissable, il est pur et sans fin. Lorsque l'on est enlacé par l'amour d'un esprit ou lorsque l'on baigne dans l'amour du monde spirituel, lorsque l'on fusionne avec l'énergie de son guide, on comprend ce que signifie la puissance de l'amour.



Que vous le réalisiez ou non, que vous sentiez ou non la présence de vos guides spirituels, vous êtes constamment en contact avec eux. Tout au long de l'histoire, le concept de guide spirituel a captivé l'esprit et le cœur des humains dans beaucoup de cultures. Il s'agit d'une croyance ancrée dans le milieu spirituel et selon laquelle chaque personne a un guide. Vos guides spirituels sont des enseignants toujours présents et prêts à vous offrir guidance, bienveillance, soutien, sagesse et amour durant votre vie.

Diverses cultures ont cru en l'existence de guides spirituels. On en trouve des exemples dans les cultures égyptienne, grecque, amérindienne et celtique, entre autres. Ces esprits-guides sont connus sous de nombreux noms, tels qu'anges gardiens, êtres de lumière, animaux spirituels et esprits ancestraux, selon le contexte culturel.

Les guides spirituels se présentent sous de nombreuses formes, même sous certains archétypes, comme le sage, le philosophe, le guérisseur, l'enseignant, le protecteur.

Ces archétypes communs sont également considérés comme des reflets de nos propres qualités et capacités intérieures. En se connectant à un guide spirituel qui incarne un archétype particulier, les individus peuvent accéder à des aspects spécifiques de leur propre psyché et les développer, ce qui se traduit par une croissance personnelle et une découverte de soi. L'un des exemples historiques les plus célèbres de guide spirituel se trouve dans la vie de Socrate, qui prônait la philosophie comme manière de vivre. Socrate parlait souvent de son *Daïmon*, cette voix mystérieuse, une présence intérieure qui s'adressait à lui pour le conseiller dans les décisions importantes. Il considérait *Daïmon* comme son guide spirituel qui l'aidait à relever les défis de la vie et à maintenir ses principes philosophiques. Ou bien parlait-il de la voix de son âme ?



Il y a également d'autres guides, bien connus par les spiritualistes, comme Silver Birch (bouleau d'argent) canalisé par le médium Maurice Barbanell, son esprit guide lui a transmis de nombreux enseignements. Ou bien encore Seth, esprit guide de la médium Jane Roberts (États-Unis). J'en profite également pour vous donner quelques noms reconnus comme de grands médiums en Angleterre, que j'ai évoqués plus haut pour certains : Estelle Roberts, Helen Ducan, Larry Flint, Maurice Barnabell, Gordon Higginson, Emma Hardinge Britten (qui a écrit les 7 principes du spiritualisme) et Jane Roberts aux État-Unis. Il y a aussi l'esprit guide, bien connu sous le nom d'Emmanuel, pour le médium brésilien Chico Xavier chez les spirites.

La croyance en l'existence de guides spirituels est souvent soutenue par des expériences personnelles, comme une intuition soudaine, un sentiment de protection dans une situation dangereuse ou le sentiment inexplicable d'être guidé vers un chemin de vie spécifique.



Bien évidemment, ces expériences ne sont pas scientifiquement prouvées, mais elles sont d'une importance considérable pour ceux qui pensent avoir rencontré et avoir été en lien avec leur guide spirituel. Nos guides sont là pour plusieurs raisons, ils ont différents rôles à jouer dans notre vie, en fonction de nos besoins, de notre situation et de notre évolution. De par leur présence, ils sont avant tout dans la bienveillance, ils nous apportent du soutien et des conseils. Ils nous apaisent et nous apportent sagesse durant les périodes d'incertitude, de changement ou de prise de décision. Ils nous offrent tout leur réconfort pendant les périodes de troubles émotionnels, de souffrance, de maladie ou de deuil.

Ils sont d'excellents enseignants qui nous aident à faciliter notre croissance personnelle, notre évolution philosophique et pendant notre développement spirituel, ils nous présentent aussi des leçons et des défis. Mais aussi une aide au développement de l'intuition, des capacités psychiques et médiumniques et de notre créativité. Ce sont de merveilleux compagnons de route pour notre évolution.

Certaines personnes pensent avoir un guide principal qui les accompagne jusqu'à la fin de leur vie, tandis que d'autres soutiennent que différents guides interviennent à différents moments pour offrir leurs savoirs et leurs conseils. Il y a des personnes qui me demandent si nous avons un seul guide spirituel durant toute notre vie, ou plusieurs guides qui vont et viennent selon nos besoins.



Je vous raconte comment j'ai fait la connaissance visuelle de mon premier guide. Pourquoi visuelle, car je l'ai vu avec mes yeux de l'extérieur et non dans ma tête, après l'avoir déjà rencontré dans mon cœur.

Un soir, en rentrant de mon travail, je me posais tranquillement dans le salon. Il régnait une atmosphère très sereine. Je me sentais comme dans un cocon. Je décidais de me coucher tôt. Nous étions au début de l'automne et il faisait déjà sombre dans l'appartement. J'ouvris la porte de ma chambre sans allumer la lumière. Un halo illuminait toute la pièce. Cette lumière émanait du coin droit de ma chambre, près de la fenêtre, juste à côté de mon lit. Je refermais la porte aussi rapidement que je l'avais ouverte. Je restais un bon moment devant celle-ci, me demandant que faire. J'avais l'impression d'avoir un rendez-vous avec l'autre monde. Non, en fait, j'avais rendez-vous ! J'étais bien obligée de rouvrir cette porte. Je me raisonnais en me disant que je n'allais tout de même pas passer la nuit sur mon canapé parce qu'un guide occupait ma chambre. J'ouvris à nouveau cette porte et regardai ce guide en espérant qu'il allait s'évaporer et disparaître. Et oui, nous pouvons être très impressionnés les premières fois. Je me glissai sous ma couette, mais la lumière était si intense que je me tournai de l'autre côté, comme pour l'ignorer. Rien n'y fit, il resta là, debout dans ma chambre, durant quelques jours. Je me souviens qu'un soir ma fille Léa, à qui je n'avais rien dit, a ouvert la porte de ma chambre. Je l'ai entendu crier et refermer la porte aussi rapidement qu'elle l'avait ouverte, et de me demander ce qui se passait et pourquoi un immense personnage lumineux était dans cette pièce.



Je compris que l'on m'avait attribué ce guide pour mon enseignement spirituel et médiumnique. D'ailleurs, il se manifestait à chaque fois que je faisais une lecture (une consultation) à un client. Je ne me souviens plus pourquoi, mais je lui avais attribué le nom de Bibi, au lieu de guide. Il faisait partie intégrante de ma vie et de la famille. Cette énergie était, lors de mes premiers pas dans ce nouvel univers, très très présente. Je me sentais protégée, comme s'il me prenait dans ses bras. Il y avait beaucoup de douceur, de bienveillance et d'Amour. Tous les matins, je recevais des informations et des messages. Mais, bien souvent, je bénéficiais également d'un enseignement spirituel et philosophique, ainsi que des réponses à mes questions. Les messages étaient toujours délivrés dans une forme de douceur. Bibi avait aussi beaucoup de patience. J'étais constamment portée par cette magnifique énergie. Je flottais comme dans une bulle.

Aujourd'hui encore, il m'arrive de penser à lui, bien qu'il ait laissé sa place à d'autres guides pour que mon évolution se poursuive. C'est comme changer de niveau scolaire. Bibi a rejoint quelqu'un qui, comme à mes débuts, avait besoin d'une maman qui l'accompagne sur son chemin spirituel.



Pour ma part, comme je vous l'ai déjà expliqué, j'ai deux autres guides avec chacun sa propre fonction. Je pense que nos guides sont des êtres qui ont pour certains déjà eu une vie terrienne. Ils arrivent à nous parce que nous avons des chemins similaires. Et lorsqu'ils nous quittent nous pouvons sentir un réel vide. Le temps de la transition nous pouvons même le vivre comme un deuil.

J'utilise le mot « guide » qui résonne plus justement pour moi. Dans mon langage, ce mot m'est familier car lors de mon apprentissage en Angleterre nous l'employions très souvent. Cependant, j'aimerais vous donner mes impressions et vous livrer quelques explications qui, je pense, vous seront bien utiles. À vous de prendre ou de laisser ce petit bout de vérité qui m'appartient. Souvent, les gens me posent cette question : « Quel est le nom de mon guide ? » Pour être honnête avec vous, cela ne m'a jamais effleuré l'esprit de savoir comment s'appellent mes guides, et cela n'a pas d'importance me concernant. Certains d'entre vous ont besoin de connaître le prénom et passent un temps considérable à le chercher, en contactant des médiums ou dans des groupes lors de séminaires. Je pense que c'est une erreur, car le temps que vous passez à chercher son nom, vous perdez l'énergie de ce qu'il pourrait vous apporter et vous transmettre. Nous pourrions aussi simplement les nommer avatar au lieu de guide. Si vous êtes plutôt d'énergie christique, ou angélique, peu importe, alors cet avatar se présentera sous cette forme-ci.



Rappelez-vous qu'il s'agit d'un état de conscience afin de pouvoir communiquer différemment avec cette énergie, ou essence, qui provient de la source. À ce propos, je me demande souvent si notre moi supérieur pouvait être la source de notre être profond, notre propre sagesse divine qui se manifeste, ou cette petite voix de l'âme qui ferait office de guide, qui nous éclairerait et nous accompagnerait tout au long de notre vie.

Ce moi supérieur qui accède à une perspective plus grande de nos expériences de vie, offrant la lumière pour éclairer notre chemin. Ou peut-être que notre guide nous met en lien avec cette conscience profonde.

Bien des personnes leur donnent un visage humain, ce qui est à mon sens aussi une erreur. Cela peut vous freiner dans votre développement, si vous vous focalisez uniquement sur l'aspect physique. Même si certains guides sont venus pour vous aider en étant déjà humains, n'oubliez pas qu'ils sont retournés dans l'autre monde en laissant leur manteau de terrien et ne sont plus à présent que pure énergie.

Il y a quelque temps, mon guide est venu à moi et m'a demandé de dessiner les guides des personnes qui en ressentaient le besoin. Je lui ai répondu que cela ne correspondait pas à sa réponse donnée, il y a un temps de cela. Je lui ai dit aussi que je n'étais pas portraitiste et que je ne savais pas dessiner les visages. Il m'a répondu d'une voix posée mais ferme qu'il n'y avait aucun problème à les dessiner, il suffisait simplement de prendre mes crayons et de dessiner. Puis il m'a répondu qu'il fallait que je comprenne que certaines personnes fonctionnent beaucoup avec le visuel et que cela est important pour elles, qu'une image matérialisée les rassure et leur donne confiance. Elles peuvent se connecter à l'énergie qui se trouve dans le dessin. Comme une icône, elles peuvent se confier et se projeter. Croyez-moi, le lendemain de sa demande, arriva ma première cliente. J'ai pris mon crayon et j'ai fait confiance à mon guide. La réalisation était magique. Cela m'a donné l'envie de continuer à dessiner vos guides spirituels. Il y a beaucoup de réalisations à ce jour et je suis en admiration de tous ces portraits qui naissent grâce à mon guide et aux vôtres qui se manifestent ! Je suis toujours très admirative par les yeux de vos guides qui dévoilent beaucoup de messages. C'est donc avec respect et bienveillance que je me connecte à votre guide, afin de mettre en forme, à travers mes pastels, son portrait.

Souvent, vous vous demandez, quel est votre guide ? À quoi ressemble-t-il ? De quelle énergie est-il ? Plutôt féminine ou masculine ?

Toutes ces interrogations, vous pouvez les trouver en vous connectant à votre âme, en vous faisant confiance. Pour ma part, je n'ai pas besoin de savoir à quoi il ressemble, je me connecte simplement à son énergie. Chacun est libre et vous pouvez aussi avoir le souhait de le (les) voir se matérialiser.



Un portrait peut vous aider à créer un lien plus étroit avec votre guide spirituel. Après des années de pratique, j'ai bien compris que cette énergie d'Amour, venant du monde spirituel, de ces guides qui se manifestent lors de mes créations ou encore en transe, est bien là, et que le plus important est simplement d'être en confiance. Dans tous les cas, la relation entre un individu et son guide spirituel est profondément personnelle et unique. Être en connexion et tisser un lien avec lui, que ce soit par la méditation, l'intuition ou par d'autres pratiques, peut constituer une source puissante de soutien, d'aide et de conseils sur le chemin de votre vie. Vos guides spirituels vous soutiennent dans votre cheminement, dans votre vie, et vous aident à accomplir votre destinée. Ils sont là pour vous aimer et c'est bien pour cela aussi que le mien a décidé de me donner cette facilité à les représenter à travers un dessin pour vous.

À propos de confiance, me vient un magnifique souvenir de don Marcelino, un médecin péruvien. Quelques jours avant sa mort, il m'avait appelée et nous avions longuement discuté. Il appréciait beaucoup mon art et me disait que c'était des connaissances ancestrales qui m'avaient été données il y a fort longtemps, que son peuple reconnaissait, ainsi que le peuple amérindien. Il m'encourageait à continuer de peindre et de transmettre mon savoir. Nous devions organiser une conférence ensemble mais il est décédé quelques jours après notre conversation. Il appréciait également la façon dont je communiquais avec l'esprit et aimait échanger à ce propos. J'avais composé un petit message, avec quelques photos pour lui rendre hommage, que j'avais partagé sur les réseaux. Quelques heures après la diffusion de mon message, une personne l'a quelque peu modifié et y a posé son nom. J'étais tranquillement assise quand soudain me vint l'esprit de don Marcelino. Ma réflexion a été d'abord de voir avec quelle rapidité il avait pu communiquer après son décès, mais le connaissant cela ne m'avait pas étonné. Il me donna de ses nouvelles et me chuchota : « Va voir sur Facebook ton message. » J'ai fait confiance à cette voix et à ma grande surprise, en me connectant, je découvris mon message transformé et signé d'une autre personne. Puis quelques instants plus tard, en allant promener mon chien, une magnifique plume tomba du ciel et vint se poser à mes pieds. Je n'avais plus aucun doute que c'était bien un clin d'œil de sa part.

Être en confiance avec le monde de l'invisible ne suffit pas, se faire confiance, dans les messages que l'on reçoit, est primordial.

Pour les spiritualistes, il existe bel et bien un autre monde. Ils disent qu'il n'y a rien de surnaturel, que tout est parfaitement conforme à la loi naturelle. Ils sont convaincus, lorsqu'ils font un contact avec un esprit, que tout cela est bien réel, suite aux preuves apportées. Ils ne sont pas dans le doute ou ne remettent pas en question ce qui a été dit.



Mais il est important d'apprendre à communiquer justement avec le monde des esprits, de transmettre ces connaissances pour que les étudiants les utilisent au mieux pour communiquer.

Paul Jacobs m'avait dit lors d'un séminaire en Angleterre : « *Sache que ce que le monde spirituel te donne comme information est juste, ne remets jamais cette information ou cette image en doute ! En revanche, si le message que tu retransmets à l'autre n'est pas juste ou ne correspond pas, alors, c'est toi qui n'as pas su interpréter ce que le monde* spirituel t'a donné ! » Cette phrase a été un déclencheur pour moi ! Elle sera gravée à jamais dans ma mémoire car elle m'a permis de faire un pas de géant dans mon développement médiumnique et spirituel.

Il est essentiel d'apprendre à connaître ou reconnaître l'esprit, mais surtout à se connaître soi-même. J'ai tout appris, bien souvent seule, grâce à l'autre monde et au consultant. J'ai compris bien des choses. Les spiritualistes m'ont appris que seul notre corps physique mourait, que notre moi réel partait pour un ailleurs, une vie certainement meilleure. Mais on nous enseigne aussi que nous avons la responsabilité de vivre dans l'instant, et de donner du sens à notre vie. Faire que votre vie ait du sens, malgré toutes les expériences et les difficultés que nous traversons. Je reviens à l'amour de soi et l'amour pour l'autre qui est si important. Nous devons apprendre à nous respecter pour respecter l'autre, et ne pas nous juger pour ne pas juger l'autre.



Combien d'individus ne sont pas authentiques et fidèles envers eux-même. Ils négligent continuellement leur vraie nature pour poursuivre une voie de pouvoir et de manipulation. Consciemment ou inconsciemment, les gens cherchent à trouver une voie pour atteindre un mode de vie plus sain grâce au cheminement spirituel. Mais ce n'est pas en priant, en méditant des heures ou encore en lisant des livres philosophiques qu'ils changeront leur vie. Sans efforts et sans travail sur eux-mêmes, il ne se passera pas grand chose, du moins pas le changement souhaité.

Je vous dis cela, car lorsque l'on prend des contacts, on peut être confronté à toutes sortes d'esprits et il est important de ne pas les juger. Ma mère a fait le choix de passer délibérément dans l'autre monde. Ses souffrances émotionnelles étaient trop grandes et elle a mis fin à ses jours. Pour les spiritualistes, ceux qui mettent fin à leur vie ne sont pas « punis », comme certaines religions veulent encore nous le faire croire. Bien sûr, nous n'avons pas accès à l'ensemble de la vérité, mais les spiritualistes disent que nous ne devons pas porter de jugement quant à ce que nous pensons de l'échec d'une vie. Et je suis entièrement en accord avec cela. Je vous donne aussi ma vérité sur ce sujet. Vous pouvez la partager et l'adopter, mais si elle ne vous correspond pas, je vous invite tout simplement à ne pas la prendre.



J'ai compris qu'il y a des contrats que l'on peut modifier et des contrats indélébiles. Lorsqu'il est noté dans le destin qu'une personne quittera le plan terrestre, en ayant mis fin à sa vie, elle le fera quoi que vous fassiez et malgré votre aide. Ce sont bien souvent des personnes qui décident de partir parce que leur heure est arrivée. Et puis il y a des personnes, que j'appelle des âmes qui se sacrifient, afin de faire bouger les choses non pas pour elles, mais pour ceux qui les entourent. Pour le bien de leur évolution, même si cela est difficile à comprendre. Et je ne parle pas seulement des suicides, mais aussi d'accidents ou du passage très court de jeunes enfants dans une famille.

## Les âmes qui se sacrifient

Le suicide est évidemment un sujet très complexe, et je vous rappelle concernant ce sujet que je vous expose mes expériences et/ou mes compréhensions.

Vous me demandez souvent comment se portent les personnes décédées qui ont fait le choix de mettre un terme à leur vie. Même si le monde spirituel est constitué d'amour et de bienveillance et que la notion de punition n'existe pas, il est évident pour moi, ayant communiqué de nombreuses fois avec ces esprits, que chaque âme constitue un maillon essentiel lors de son incarnation.



Elle emporte avec elle un cahier des charges, avec des expériences et des défis bien définis, qu'elle doit mener à bien ou plutôt dirais-je à bon port durant sa vie terrestre.

Si nous n'allons pas au bout de nos expériences, alors nous devrons tout simplement les achever dans notre prochaine incarnation. Cela ne veut pas dire que nous ne serons pas pris en compte dès notre passage dans cet autre monde. Bien au contraire. Le suicide est simplement une bombe à retardement des expériences à faire ou un déplacement de problème dans une autre vie. Ce n'est pas une solution sans conséquences. Lors de notre mort, nous regardons le film de notre vie, comme une rétrospective et analysons ainsi ce que nous avons fait de bien, ce qui n'a pas été, ce que nos actions ont provoqué et l'influence de nos actions sur notre environnement et nos semblables. Et nous avons aussi probablement, en simultané, toutes nos autres vies qui défilent sous nos yeux.

Après cette rétrospective nous pouvons être en paix ou en questionnement. Il n'y a pas d'échappatoire non plus concernant notre mission de vie/d'évolution, elle reste à expérimenter et à refaire en cas de suicide. La personne qui décide de se donner la mort devra néanmoins, tôt ou tard, mener à bien la même tâche dans une autre vie.

Il est essentiel de ne pas juger la personne qui met un terme à sa vie. Nous n'avons jamais tous les tenants et aboutissants pour y mettre notre grain de sel. C'est son histoire, cela lui appartient. Le plus important à savoir est que ces personnes, d'après mes communications avec ces esprits et ma propre mère, ont bien souvent honte d'elles-mêmes et de leur geste. Elles ont toutes un travail à faire. Ce qui m'a le plus attristée de ce que les esprits m'ont rapporté, c'est le jugement que l'on a envers elles. Nous oublions qu'elles sont à nos cotés et que tout ce qui est dit est entendu. Ce que j'ai compris lors de la rencontre avec ma mère, tout de suite après son décès, c'est que tout est décuplé, donc perçu comme si le volume de votre sono était au maximum de sa puissance. Je peux vous assurer que lors de ses visites, elle était joyeuse et heureuse. Le paysage qu'elle me montrait était très lumineux et serein. C'est pour cela qu'il est très important de comprendre que pour moi, il n'existe pas de notion de punition, d'enfer, de bas-astral. C'est une absurdité de croire à cela.

Aucun défunt ne va dans un autre endroit où il n'y a pas de lumière et d'amour. Comprenez bien que lorsqu'un être humain met fin à sa vie, il ne le fait pas sans raison. La souffrance est infiniment grande, de sorte qu'il ne voit plus d'autres solutions. Il ne raisonne plus par lui-même et est totalement déboussolé… Il a perdu tout repère et ancrage.

Cette âme est si perdue qu'elle a besoin d'être entourée d'amour et de bienveillance, de compréhension, de paix, qu'elle obtient alors dans l'autre monde.



Selon ma propre expérience, je peux vous assurer que le monde spirituel n'est qu'amour pur ! J'ai baigné dans cet amour inconditionnel quelquefois, après des méditations ou des soins. C'est juste magique, il n'y a pas de mots pour le définir. Cet amour n'existe pas sur Terre, ni même les couleurs que l'on peut y percevoir, ainsi que les musiques célestes qui résonnent encore à ce jour dans mon cœur.

Les senteurs inimaginables ne sont pas non plus définissables et vous envoûtent à tout jamais. En écrivant ces quelques lignes, je perçois un doux parfum de rose qui enivre mes narines et parfume mon salon. Je sais que l'esprit de ma mère Rose-Marie est bien présent et qu'elle va merveilleusement bien. Je ne cesserai de vous dire qu'il n'y a aucun jugement, ni enfer, ni démons ou que sais-je… Il faut absolument comprendre également que la personne qui s'est donné la mort n'est plus dans un état de souffrance dès lors qu'elle est passée dans l'au-delà. Il en va de même d'ailleurs pour toute autre mort.

Ma mère revient à des périodes précises ou à des moments importants. Si j'ai vraiment besoin d'elle ou si elle décide de venir me voir, alors la connexion s'établit au travers d'un code que nous avons. Si ce code ne correspond pas, alors je n'accepte pas le contact. Quelques années après m'être installée comme médium professionnelle, je recevais beaucoup de clients qui avaient perdu un être cher par suicide. Le monde spirituel est très intelligent et guide souvent les personnes terrestres qui ont vécu ce drame vers d'autres personnes qui l'ont aussi vécu. Cela simplifie la compréhension de cette expérience douloureuse.



Rappelez-vous que nous avons tous un destin et des contrats que nous avons bien choisis. Ces âmes font le choix de partir, car leur évolution est terminée ici-bas et parce qu'elles se sacrifient. Oui on appelle cela ainsi, elles font le choix de cet acte pour l'évolution spirituelle des personnes qui l'entourent. Et il y a des contrats qui peuvent être changés, modifiés selon les compréhensions de la personne et de son évolution. Ce sont souvent des personnes qui ont fait des tentatives, mais qui à travers un cheminement vont trouver un équilibre et la porte de sortie vers un avenir plus serein.

Sachez qu'il est essentiel de sortir de la culpabilité, car souvent les personnes endeuillées s'en veulent de ne pas avoir su, vu, ou pu aider. Comprenez bien, quoi que vous ayez pu faire, ou résoudre, ou ne pas faire, cela n'est aucunement de votre faute.

Si j'ai un conseil à vous donner, face à ces personnes qui commettent ces actes, surtout ne les jugez pas et ne pensez pas pour elles ! Envoyez-leur simplement vos plus belles pensées lumineuses, et soyez convaincus qu'elles sont ou seront toutes dans la lumière. Chaque âme trouve le chemin du divin. Je vous le répète, l'au-delà est rempli d'amour et de bienveillance et tout le monde a sa place et chaque être est pris en charge. Personne n'est oublié ou puni !



Nous avons tous des expériences à réaliser et des actes à accomplir et nous reviendrons tous sur Terre jusqu'à ce que nous les ayons résolus et compris.

*« À tous ceux et toutes celles qui ont perdu des êtres chers, soyez-en certain : la puissance de l'amour ne meurt pas. »*

Il est important, à travers la spiritualité, de donner du sens à votre vie. Vous n'avez pas besoin de faire le tour du monde pour cela. Votre incarnation sur Terre n'est pas une erreur, votre présence dans cette vie n'est pas un hasard. Il existe une loi divine qui vous guide aussi pour avancer sur le chemin de votre évolution. La vie est éternelle et elle continue, la mort n'est pas une fin en soi, elle est le début d'une renaissance spirituelle. Il y a encore beaucoup de compréhensions et de changements à expérimenter.

N'est-il pas agréable de savoir que la vie continue et de savoir qu'à chaque instant nous pouvons évoluer à notre propre rythme. On nous donne le temps pour cela et tout est bien orchestré. Ce que nous devons vivre dans cette vie, nous aurons le temps de le vivre.

La vie est juste envers nous. Ce que nous comprenons ou nous percevons n'est que le haut de l'iceberg. Mais il y a tellement plus grand que ce que nous imaginons. Alors soyez dans la vie, dans l'instant et dans votre authenticité, pour ne pas regretter. C'est bien pour cela qu'il est important de vous souvenir des situations que vous avez surmontées, des situations difficiles mais aussi des succès remportés ou tout simplement du chemin parcouru.



À propos du suicide… Que pense le mouvement spiritualiste du suicide ?

« *Ce qu'il faut retenir, c'est que nous sommes tous des esprits. Par conséquent, nous sommes tous issus de la même source. Si vous voulez, nous sommes tous une facette ou une expression de Dieu. Ainsi, quelle que soit la façon dont nous mourons, qu'il s'agisse d'un décès lent et douloureux, comme le cancer, ou d'un décès rapide et violent, comme un meurtre, ou même un suicide, lorsque nous passons dans le monde des esprits, et quelle que soit la façon dont nous y passons, nous serons aimés, embrassés et nourris. Nous devons nous rappeler qu'après la mort, nous avons encore la possibilité de grandir en tant qu'esprit, et qu'une partie de cette croissance peut consister à comprendre, avec le soutien de nos proches en esprit, notre propre décès et à l'accepter, ainsi que la manière dont il s'est produit, afin que nous puissions progresser dans notre développement spirituel. Mais quelle que soit la manière dont nous passons, nous serons toujours soutenus et aimés, et non jugés. Nous sommes simplement encouragés à comprendre et à aller de l'avant.* »

Tim Abbott, enseignant au collège Arthur Findlay.



## Être spirituel

De nos jours, le terme spiritualité englobe beaucoup de choses, mais aussi tout et n'importe quoi. Être spirituel ne veut pas dire manger vegan, méditer, prier, jeûner, etc.

C'est un état d'esprit, et la chose la plus importante pour moi dans le fait d'être spirituel, signifie être plus conscient en vivant une vie authentique, en faisant tomber le masque et en étant fidèle à soi-même.

Cela m'a appris aussi à me reconnecter à mon moi profond pour mieux me connaître et savoir qui je suis réellement. Nous ne sommes pas que ce corps physique. Nous sommes tous une partie du divin, cette essence est éternelle. Une puissance bien plus grande qui n'a pas d'âge et qui ne mourra jamais. Lorsque vous vous alignez sur la puissance de votre propre être infini, votre perception du monde change.

Selon la façon dont vous percevez la vie, vos problèmes qui sont vos expériences, changent tout simplement parce que vous avez changé. Vous n'avez pas besoin d'aller prier les dieux ou d'aller en Inde ou au Boutan pour vous terrer dans un monastère. Cela ne veut pas dire non plus que vous devez vous séparer de votre vie matérielle pour vivre votre vie spirituelle. Ne vous obligez pas non plus à devenir un être parfait ! Le plus important est de travailler l'amour de soi et l'amour des autres, de nous libérer de toutes frustrations, de tout enfermement pour une plus grande liberté de soi et du monde.



Bien entendu, pour que la spiritualité ait un sens réel, elle doit faire partie intégrante de notre vie quotidienne. Les défis et les difficultés sont des occasions d'acquérir des expériences supplémentaires, pour de nouvelles compréhensions toujours et encore pour le bien de notre évolution. Mais nous sommes libres et nous pouvons aussi faire le choix d'ignorer ces besoins et simplement jouer un rôle. N'oublions pas que si nous voulons voir la paix, l'harmonie et l'équilibre dans notre monde, nous devons commencer par nous-mêmes.

Le rôle du médium est aussi de faire découvrir aux personnes la réalité de leur propre esprit, de leur donner des clefs pour qu'ils puissent découvrir par eux-mêmes les réponses à leurs questions, et se connecter à la magie de la vie.

Ne plus dépendre du monde extérieur et/ou d'être guidé par les autres est un beau cheminement vers la liberté de soi.

Comme je le dis si souvent, le discernement et le bon sens font parties intégrantes de ma vision des choses, et c'est aussi important pour moi de le rappeler dans les séminaires ou les conférences. Que ce soit les enseignements reçus, les stages que j'ai faits et la rencontre de différents peuples, j'ai toujours gardé en moi le discernement et j'ai su prendre suffisamment de recul pour rester un neutron libre. Je n'ai pas d'appartenances, j'ai des attirances ou des affinités pour des choses qui me correspondent, et selon les stades de mon évolution spirituelle et personnelle.



Le simple fait d'appartenir à quoi que ce soit serait déjà une manière de m'exclure de ce que je ne connais pas dans ce vaste univers. Je ne suis pas dans la concurrence, pour moi chaque être est unique et apporte ses propres connaissances. Je n'éprouve pas ce besoin de me comparer, et je n'ai aucune prétention, ma vérité m'appartient et je la partage. Elle évolue en fonction de mon cheminement. Je prime la simplicité, l'authenticité et la bienveillance, comme me le demande si bien le monde spirituel. L'instinct de supériorité n'est qu'une illusion de l'ego. J'ai travaillé et je continue mon développement pour être libre de tout enfermement. Ce n'est pas facile et en tant que médium, mon parcours n'a pas été simple. Comme je le disais plus haut, mes deux parents m'ont légué leurs dons, je préfère dire leurs capacités, mais sans mode d'emploi. Ma mère a emporté ses secrets et pour mon père, les histoires mystérieuses restent malheureusement dans les placards, sans doute par peur.

J'ai dû décortiquer, analyser, comprendre, expérimenter par moi-même. Mon quotidien n'est pas toujours évident, et la médiumnité ne me quitte pas, elle fait partie intégrante de qui je suis. J'ai appris à fermer le robinet et à le rouvrir comme me l'ont appris les spiritualistes au collège Arthur Findlay, mais ce n'est pas toujours efficace. Mes émotions sont fortes et mes ressentis décuplés. Mais aujourd'hui, j'arrive beaucoup plus à prendre du recul, à être dans le détachement. Ma médiumnité est bien gérée par l'expérience de ma pratique et de ma sagesse. Durant très longtemps, j'ai dû faire face à des crises de panique, déclenchées par le suicide de ma mère. Le choc émotionnel a fragilisé cette vulnérabilité qui était déjà en moi. Il m'arrive encore aujourd'hui quelques fois d'avoir des angoisses, mais bien souvent, ce ne sont pas les miennes, mais celles des autres que je m'amalgame. Ma sensibilité voile parfois la réalité des choses, car elle est fréquemment exacerbée par mon signe solaire en poisson et un Neptune bien prononcé. La médiumnité est un atout majeur et, sans elle, ma vie n'aurait pas le même sens.

Mais elle apporte aussi des cadeaux empoisonnés qu'il faut apprendre à accueillir et à gérer. C'est un apprentissage long qui fait partie d'un processus d'évolution dans l'étape et la vie du médium. Il ne suffit pas de donner des informations aux personnes, comme certains qui s'en amusent, c'est une vraie responsabilité. Pour ma part, il m'est arrivé de décrocher plusieurs fois, de vouloir m'en débarrasser et à chaque fois, elle m'a rattrapée. En tombant gravement malade, j'ai compris que cela faisait partie du plan divin. C'est bien pour cela que j'explique qu'il y a des contrats que l'on peut modifier et d'autres qui sont indélébiles. Nous avons le libre-arbitre et pourtant, pas toujours ! Un homme médecin amérindien m'avait dit : « Si tu n'endosses pas ton rôle de médium, tu mourras. » Un astrologue m'avait prédit la même chose. Je n'ai pas peur de ces prédictions, mais j'ai pu les vérifier et je pense réellement que l'on peut être rattrapé par son destin.



Je me souviens d'une enseignante du collège qui m'avait dit : « Tu as des facultés innées qui peuvent t'amener jusqu'au miracle. » Je crois que le propre des miracles, c'est avant tout de trouver la clef qui ouvre à son propre miracle. Je suis consciente que je suis « privilégiée » et que le monde spirituel me donne de magnifiques cadeaux divins. Je garde toujours en moi que ce que j'ai fait grandir par amour, tel que ma médiumnité, ne se perdra jamais quoi qu'il arrive. Ma médiumnité a grandi grâce à mon travail personnel et spirituel. Je continue mon évolution en cheminant et en affinant toujours et encore mes perceptions.

## Le corps et la médiumnité

Votre corps s'exprime. Il a la capacité incroyable de vous donner des informations, par des manifestations physiques plus ou moins importantes, jusqu'à même de vous annoncer des situations qui ne sont pas encore arrivées, mais qu'il pressent déjà.

Lorsque vous aurez appris et compris comment votre corps fonctionne, vous pourrez gérer plus rapidement les indications qu'il vous envoie. Je connais parfaitement mon corps et lorsqu'il communique, je suis très réceptive quant à l'information qu'il m'envoie. Évidemment, la confiance est nécessaire ainsi que la pratique. Il y a des années de cela, j'ai eu un problème de santé et j'ai dû consulter un otorhinolaryngologiste. J'étais accompagnée de mon ex-mari. Suite à mon problème et après analyse, il me demanda de me rendre à l'hôpital pour des examens supplémentaires. En sortant de son cabinet, je dis à mon ex-mari que je n'y irai pas, car je ne sentais pas ce qu'il m'avait diagnostiqué. Je laissai sur le pas de sa porte sa conclusion qui était que je deviendrai sourde. Mon ex-mari s'est fâché en me disant que c'était un excellent médecin. Au fond de moi, je savais que ce n'était pas juste, que son diagnostic ne correspondait pas. Le doute m'a envahie et je suis allée faire les examens. Le professeur m'a indiqué qu'il n'y avait pas de quoi s'inquiéter et que le diagnostic n'était pas juste. Son erreur d'analyse a plus de quinze ans, Dieu merci. Voyez comment cela peut être dangereux de prendre une injonction que l'on vous donne. On appelle cela aussi jeter un sort ! Notre mental accueille ces pensées et lorsque l'on se les attribue, elles peuvent nuire à notre santé. Mais le corps a aussi de formidables ressources. Nous pouvons lui donner un bel équilibre en l'harmonisant avec nos corps.

Les soins font partie intégrante de mes premiers apprentissages. C'était lors d'un cursus de deux ans en Suisse, dans une école de soins naturels, de magnétisme et de Gestalt. J'ai découvert toutes les sensations que le corps pouvait capter de différentes manières. J'ai beaucoup aimé cet apprentissage et il est important de revenir toujours à la notion de ce corps terrestre et des corps qui nous ancrent avant tout à la Terre. Il est aussi important de se prendre un moment, une journée rien que pour soi. J'aime revenir à ces soins et à ces cours. Certains m'ont été appris et d'autres m'ont été offerts par mes guides. Il y en a de différentes sortes et ils font partie de ce que l'on appelle la médiumnité de guérison, car tous ces soins sont donnés en connexion avec le monde spirituel et les guides pour l'accompagnement de votre âme.

J'appelle ces soins : « Apprendre à élever sa vibration et créer la magie pour soi. » Il m'est aussi arrivé de me soigner toute seule en utilisant certaines de mes techniques et l'énergie du monde spirituel.

La joie, l'amour, l'abondance de la magie pour soi. C'est si important. Notre corps a besoin d'être nourri. Quand il est fatigué physiquement et mentalement, une pause s'impose. La seule chose à faire, qui se manifeste rapidement concernant tous vos besoins et qui fonctionne même dans les moments difficiles, est d'élever sa vibration.

S'offrir un moment pour soi, pour se régénérer, se réconcilier avec soi-même, se guérir et s'apporter de la douceur, du lâcher-prise et s'élever pour se créer un monde intérieur d'amour et de bien-être. Lorsque vous élevez votre vibration, comme par magie, tous vos soucis, vos frustrations et vos problèmes s'envolent. Vous donnez un sens différent à votre vie et vous créez des expériences nouvelles en accord avec votre âme et votre cœur. Cela apparait dans votre réalité aussi rapidement que changer de station de radio.

J'ai confiance et foi en la vie, je sais vraiment que lorsque ma vibration est élevée, il n'y a rien que je ne puisse créer ou expérimenter, je vibre sur la fréquence exacte qui me correspond pour attirer à moi la joie, le bien-être et l'abondance.

Je partage ma vibration d'amour avec moi-même et avec autrui... Et je laisse venir à moi la générosité de ce que les autres et l'univers m'offrent en retour.

Ces soins ou ces stages dont je vous parlais plus haut sont des moments rien que pour vous. La méditation, la libération et le nettoyage des corps ainsi que le dégagement des mémoires anciennes (au niveau physique, émotionnel et mental), puis l'harmonisation et la purification sont une cure de jouvence.

Travailler avec l'énergie, l'ancrage, l'harmonisation, l'alignement des chakras, et élever ses vibrations grâce aux outils que je vous transmets font partie intégrante du processus d'évolution également. Le tambour, le chant, le travail avec les couleurs accompagnés de messages inspirés guideront ces journées de séminaires ou de soins en consultation privée.



J'ai toujours beaucoup de joie à partager un moment en compagnie du groupe, car de magnifiques vibrations colorées, tournoyant dans la pièce, me font savoir à ce moment-là que la présence bienfaisante du monde spirituel nous accompagne. Il y a quelques années, j'ai fait la rencontre d'un médecin qui me demandait de prendre des cours. Il avait déjà assisté à quelques-uns de mes séminaires, mais son souhait était de prendre des cours en particulier. Je lui avais répondu que je ne donnais pas de cours en privé. Il insista et revint me voir l'année suivante, me demandant de lui apprendre à travailler avec l'énergie, afin de pouvoir apporter, en parallèle de la médecine conventionnelle, des soins différents comme le magnétisme. Mais aussi d'apprendre à lire l'aura rapidement, voire de la dessiner pour comprendre et trouver où se situait le problème, grâce aux couleurs qu'il pourrait repérer dans les différents corps. Il était question de prendre confiance dans son ressenti pour plus d'efficacité lors des consultations et d'avoir un autre regard pour une lecture différente de ses patients. Nous nous sommes réunis en visio, deux heures tous les jeudis, durant quelques mois. J'ai trouvé extraordinaires les expériences et les enseignements que j'ai donnés, ils m'ont apporté beaucoup de joies, de curiosités et d'enrichissements aussi. Mon guide intervenait souvent et je ne préparais que très peu d'exercices. Je me laissais porter par ce que mon guide m'insufflait. Nous nous accordions parfaitement, le médecin, mon guide et moi. Nous donnions des soins à des amis pour que Christophe, le médecin, puisse expérimenter et travailler. Lorsqu'il avait bien compris comment gérer ses « nouveaux outils », nous avons pu nous régaler dans les soins apportés par le binôme que nous formions. Je vous laisse découvrir son aventure qu'il a bien voulu nous raconter.



*« C'était magnifique de travailler avec Bernadette. Premièrement, parce qu'elle rayonne incroyablement. C'est un véritable petit astre, dont la chaleureuse lumière vous parvient aisément, même à travers la distance. Et deuxièmement, parce qu'elle est incroyablement douée, on pourrait dire bénie par le Ciel. Non seulement elle ressent le monde invisible, mais encore elle le voit et elle l'entend, avec une précision confon-*

*dante. C'était donc un privilège incroyable que de pouvoir travailler avec elle, en binôme. Je crois que je ne la remercierai jamais assez.*

*Je suis un médecin généraliste de village et la médecine que je pratique est celle enseignée à la faculté, basée sur des évidences scientifiques. C'est la seule médecine qui donne les moyens de sauver des vies (terrestres) dans l'urgence. Elle est sérieusement incontournable, primordiale. Chaque malade doit d'abord pouvoir en bénéficier. Elle se pratique par déduction, en fonction de critères de savoir et de savoir-faire, quelquefois très nombreux, mais heureusement, les vieux médecins comptent sur leur expérience, qui leur permet d'aller plus vite dans chaque processus de diagnostic. Et puis ils ont aussi l'intuition. Ils n'en parlent pas forcément, mais ils utilisent très très souvent leur intuition. C'est donc bien qu'ils perçoivent quelque chose de l'ordre de l'impalpable, quelque chose d'invisible mais de très utile pour leurs patients. C'est ce que Bernadette m'a permis d'approfondir.*

*Avis aux amateurs, son enseignement est bienveillant mais très exigeant. Elle ne m'a pas laissé une minute dans une quelconque zone de confort. Mais grâce à elle, j'ai pu acquérir une capacité à voir et ressentir l'énergie émotionnelle que chaque individu transporte avec lui. Pour être sûr de ne pas me méprendre, il me fallait dessiner chaque personne volontaire avec toutes les couleurs que j'observais, et leur donner à chacune un sens. Nous comparions ensuite avec ce que Bernadette voyait et ressentait elle-même, puis avec ce que le volontaire nous révélait sur ses maladies et sur son histoire. Les premiers volontaires étaient présents physiquement à côte de moi. Puis les suivants étaient en connexion Internet, derrière leur écran d'ordinateur. Ensuite, Bernadette ne m'a plus donné qu'une seule photo d'eux. Et enfin, dans les dernières séances je n'avais droit qu'au prénom de chaque volontaire ! Elle me faisait aussi comparer les ressentis physiques dans mes mains au-dessus des corps des volontaires, à la manière des magnétiseurs.*

*Les médecins, et plus généralement les soignants, ressentent intensément l'énergie et les émotions de chacun de leur patient. Mais ils ne se le disent pas toujours. C'est pourtant une capacité qui peut être explorée, et même améliorée, pour chacun d'entre nous. Aujourd'hui, en dehors des moments d'affluences liés aux urgences quotidiennes à gérer, je m'efforce de prendre un temps avec chaque patient pour bien percevoir son énergie, ses couleurs et l'histoire émotionnelle qu'elles racontent. Certains des patients que je soigne depuis longtemps me le demandent eux-mêmes, parce que cela donne du sens à leur maladie. Et quand ils trouvent le sens de leur maladie, cela les aide à guérir.*

*Merci Bernadette, Christophe.* »

## La mort

Dans mon thème astrologique, ma maison 8, représentée par la maison de la mort prédomine. Cela n'est donc pas étonnant que ma médiumnité me ramène vers cette facilité à la communication avec défunts. Il est logique pour moi avant de terminer ce livre de parler de la mort.

Nul n'échappe à la mort, ni même au temps qui passe. Nous mourrons pour ensuite renaître spirituellement. Notre mort devient encore plus présente lorsque nous voyons un être cher nous quitter, consciemment nous savons qu'un jour, ce sera notre destination. Elle nous rappelle l'importance des valeurs et nous met sur le chemin de l'essentiel, le sens de notre vie, et de vivre pleinement du temps qui nous est offert, sans en connaître sa durée. Elle est transformatrice et nous oblige à nous ramener à la réalité que nous ne sommes pas éternels.



J'aimerais vous partager quelque chose d'important à propos des personnes qui vivent l'étape de leur transition. Si quelqu'un que vous aimez se trouve dans une phase de transition de sa vie, il est préférable qu'il vous entende lui dire, lors de cette phase, que vous le libérez.

Les personnes, lors de cette étape, ont besoin de savoir que tout ira bien durant leur transition. Elles veulent savoir que vous ne vous attachez plus et ne vous accrochez plus à elles pour les retenir, sinon elles auront du mal à quitter le plan terrien. Les personnes en phase de transition ont besoin d'être rassurées et de savoir qu'elles n'ont rien à craindre. Donc si vous allez dans ce sens, elles feront un voyage extraordinaire. Si vous voulez, du fond de votre cœur, que telle personne soit libre et qu'elle s'envole en paix, alors dites-lui qu'elle ne s'inquiète pas pour vous. Ce sont ce genre de réflexions que les personnes veulent entendre de votre part. Bien sûr, vous pouvez dire, que cela vous fait de la peine, et qu'elle va terriblement vous manquer et que vous allez pleurer, mais que vous préférez qu'elle soit libre et qu'elle ne s'accroche plus à son corps.



Ces personnes en transition ont besoin d'aller de l'avant et de faire le pas pour passer de l'autre côté. Ce qui les retient, c'est votre attachement et votre intérêt pour elles. Vous ne contrôlez pas le moment de leur passage, ni ne l'accélérez avec ce que vous leur dites, en revanche vous le facilitez. Rappelez-vous surtout de ne pas être dans la culpabilité en les aidant à passer avec vos messages.

Elles s'en iront lorsque ce sera le bon moment. Laissez-les se libérer, car elles pourraient ne pas être bien et cela retarderait le processus. C'est bien pour cela que certaines personnes, lors de cette transition, en profitent pour passer lorsque vous vous êtes absenté(e)s.

Quand vient le temps du deuil, il nous inspire que c'est le moment, dans l'instant même qu'il faut vivre. Aujourd'hui, vivre le deuil est un art qui se perd ! Je me souviens d'une soirée où j'étais invitée. Un débat sur la mort était venu au milieu d'une conversation entre plusieurs médecins, anesthésistes et psychiatres. J'ai observé tout cela, à distance, mais j'ai pris sur moi pour ne pas hurler ma colère face à ce que j'entendais. J'ai été choquée par la psychiatre qui affirmait, selon une étude américaine récente, que de nos jours si le deuil n'était pas fait en une quinzaine de jours, cela mettait les gens dans la case dépression. Dans bon nombre de cultures, les rituels sont là pour justement prendre du temps, vivre et accueillir la période si délicate du deuil.



Chaque humain est constitué de son propre vécu, de ses émotions, de sa sensibilité et le vit à son propre rythme. Comment peut-on mettre un délai aussi court à une période aussi délicate qui demande de l'introspection. C'est un moment à honorer, à respecter et aussi à célébrer.

Aujourd'hui, nous vivons à une époque où le deuil est automatiquement considéré comme un symptôme de dépression. Plutôt que de prendre du temps au dialogue ou à l'écoute pour celui qui est en deuil, on prescrit rapidement un antidépresseur, comme si cela accélérait la guérison.

Pleurer n'est pas une faiblesse, et ne considérons pas que la tristesse soit une émotion inutile, bien au contraire. J'ai vu ma grand-mère refouler ses émotions, et peu de temps après tomber malade. La valeur accordée à la traversée de ce no man's land, qui s'accompagne de colère, de tristesse et de chagrin, fait partie intégrante du processus de deuil. C'est en prenant en compte nos émotions et en nous respectant que nous guérissons. Les pleurs, la tristesse sont purificatrices. Alors évacuez, criez, exprimez et surtout soyez patient avec vous-même. Et si nous résistons à la tristesse, comme ma grand-mère, ou si nous ne voulons pas la montrer, la dire ou bien que nous refoulons nos émotions, soit par pudeur, par éducation, alors cela ne sera pas sans conséquences.

Cependant, si votre tristesse se transforme en amertume ou que vous avez l'impression qu'elle vous empêche d'être en lien avec les autres, ou que vous vous sentez totalement déconnectés de vous-même pendant une très longue période, je vous conseille bien évidemment de vous faire accompagner ou de demander de l'aide auprès d'un spécialiste. Sinon, peu importe qu'un deuil dure dix mois ou dix ans…



Nous n'avons plus l'habitude d'être auprès de personnes mourantes. Nous ne savons plus comment accompagner nos morts. Nous ne savons plus nous accompagner les uns aux autres. Nous pourrions faire de la visualisation de nos funérailles idéales, et même imaginer notre fin de vie et notre transition, comme nous le souhaiterions pour que nous soyons plus à l'aise avec cette réalité. La mort nous concerne tous. Pour ma part, j'en parle à mes proches et j'exprime que je ne souhaite pas d'un cercueil luxueux, mais plutôt d'un en carton avec des roses blanches posées sur le dessus. J'aimerais aussi que ce cercueil soit décoré avec des dessins colorés par les personnes qui m'ont aimée. Je trouve que cela est un bel hommage rendu à la personne défunte. Je préfère que les miens chantent la continuité de leur vie et fêtent ma renaissance spirituelle. Il y a encore beaucoup de questionnements concernant le moment du décès et après, les soins funéraires, et ce que doivent faire certaines personnes du corps de leur défunt. Il m'est arrivé de sortir de certains enterrements en ayant ce sentiment que cela ne représentait pas la personne que je connaissais. C'est pour cela, je pense qu'il est important de dialoguer aussi de ce sujet qui nous concerne tous. Les vivants aussi devraient se sentir plus à l'aise avec cela.



Apprenons à exprimer, à évacuer tous nos préjugés qui sont en grande partie régis par notre peur de la mort, qui reste encore un sujet tabou pour beaucoup d'entre nous. La mort touchera chacun d'entre nous et peut-être même plus rapidement que l'on ne le pense. Cela devrait rapprocher les personnes. Ce que j'ai pu observer dans les derniers instants d'une personne, lors de sa transition, est la vision de quelqu'un qui est déjà dans l'autre monde, mais aussi son ultime soubresaut ou une main qui se tend pour ensuite se laisser aller à la séparation, et emprunter le chemin du sacré. Un jour nous serons tous probablement auprès d'un mourant. C'est pourquoi je trouve important de se familiariser avec tout cela, c'est en soi une forme de sagesse et de responsabilité. Et même pour notre propre départ, c'est important. Gardons bien à notre esprit que nous sommes tous mortels et profitons de l'instant présent.

Ce n'est pas parce que l'on est médium et que nous avons des possibilités de communiquer avec des défunts que nous ne sommes pas dans des doutes. Pour ma part, une chose est certaine, et peu importe comment nous l'exprimons avec ses justesses et ses faussetés, il y a une intelligence dans la façon dont nos défunts viennent à nous pour communiquer et nous envoyer des signes. Cela, je ne peux le remettre en question, j'ai eu trop de preuves et de signes pour en dire le contraire. Récemment, j'ai à nouveau senti cette énergie d'amour de la part d'un défunt qui était cher à mon cœur. J'étais allongée et j'ai senti comme un corps se coucher tout à côté de moi. Très vite j'ai été envahie par cet amour indescriptible. Avant d'arriver, il me prévient en posant sa main sur ma tête puis me caresse la joue afin que je le reconnaisse. Cette fois-ci je lui ai demandé, même si je n'ai aucun doute, de faire venir à moi un papillon, en précisant qu'il soit d'une couleur unie et sombre et de le trouver posé, seulement le lendemain, sur la fenêtre, côté intérieur de mon appartement.



Bien entendu, tous ces détails devaient être réunis. Je n'y ai plus pensé et le lendemain, dans l'après-midi, mon regard s'est arrêté sur un papillon, comme je l'avais souhaité, posé sur la fenêtre intérieure de ma cuisine. J'ai remercié pour ce magnifique cadeau ! Quelquefois, lorsque je demande à ce défunt s'il est bien là, c'est Siri le robot de mon portable qui répond en m'adressant un oui, alors que la question était posée dans ma tête et aucun bruit ne permettait à Siri de s'allumer. Pour confirmer, je reçois dans la foulée un email d'une personne dont le nom correspond aux initiales du prénom et nom de famille au complet de ce défunt. C'est dans des moments magiques comme cela, que l'on comprend qu'il se passe quelque chose de bien plus fort qu'un simple souhait. Lorsque je termine une séance avec un défunt qui apporte tant de souvenirs et de réconfort, ou encore de pouvoir, grâce à mes facultés, le voir avec mes yeux de l'extérieur, alors je vis à ce moment-là de merveilleux instants de bonheur…



Alors, je me dis que la médiumnité unit nos deux mondes, pour n'en faire plus qu'un. Gardons bien à l'esprit que nous sommes bien plus qu'un corps, nous sommes un ensemble de souvenirs, de désirs et d'envies.

Récit sur la mort par le Dr Jean-Claude Lleu, anesthésiste-réanimateur, hypnothérapeute à Strasbourg

« La mort fait partie de la vie, dit-on ! Et c'est vrai, même si, dans notre temps, tout est mis en œuvre pour la cacher au plus près de nous. Elle se résume surtout pour nos contemporains à un décompte quotidien des catastrophes de ce monde dans un ailleurs lointain planétaire. Et pourtant, elle est bien présente puisqu'en touchant nos plus proches, elle se rappelle brutalement à nous. Nous laissant dans le désarroi et la détresse.

La mort est multiple : elle peut être subite, accidentelle, ou encore prévisible voire libératrice et souhaitée. Quelle compétence ai-je pour l'évoquer ici ?

Simplement celle d'un observateur qui professionnellement a eu la chance de la côtoyer souvent. Elle n'est jamais banale. Le témoin est saisi par le dernier souffle rendu par une personne. Ce moment est aussi puissant émotionnellement que le premier cri d'un nouveau-né.



Premier cri et dernier souffle sont le miroir d'un même mystère, c'est celui de la vie même, dans sa dimension de promesse, de porte ouverte à tous les possibles. Pour le témoin que je fus souvent, la mort n'est donc pas la fin de la vie. C'est la fin de la vie d'un corps, mais est-ce pour autant la fin ? Pour moi définitivement non !

Dans un box où s'affairent silencieusement les soignants après un échec de réanimation en remettant tout en ordre, en nettoyant ce pauvre corps, j'ai été souvent frappé par le silence respectueux des intervenants curieusement saisis, non par l'absence de la personne défunte mais au contraire par une présence très puissante presqu'envahissante. Cette présence est indescriptible, elle occupe l'espace, elle est vibratoire. C'est un ressenti personnel qui fait que l'homme que je suis aujourd'hui reste, comme nous tous, pétrifié par le mystère de la mort. Je suis pétrifié, mais je suis maintenant sans peur face à ce mystère. Car la mort est une promesse d'une autre dimension de la vie. Le voile qui sépare les morts des vivants sonne l'entrée dans une vie essentiellement immatérielle qui n'a rien à voir avec le néant, au contraire.



Je ne sais pas si ce témoignage sera utile à celui qui le lit mais si seulement il peut induire un léger doute dans l'esprit du lecteur, alors j'aurai atteint mon but. Car de ce doute surgit la promesse d'un ailleurs différent, d'une manière d'être présent autrement au cosmos. Dans le fait de mourir, il y a une épreuve d'acceptation, un mélange de gratitude et de résignation. Cette épreuve nous attend toutes et tous.

À titre personnel, je l'attends dans l'espérance, convaincu que je suis, qu'elle est à ma portée. »

## La guérison

La guérison nous emmène vers un passage, « pas sage », où l'on doit sortir de la zone que l'on connait pour aller vers l'inconnu.

Ruminer, ressasser nos pensées du passé, c'est être toujours et encore dans une forme où l'on cristallise une énergie de notre passé que l'on amène dans notre présent, et tout cela se fait au détriment de nos cellules et de nos organes qui ont besoin d'énergie puissante et positive pour fonctionner et guérir. La guérison demande de vivre dans le présent.

L'énergie cristallisée dans nos traumatismes et dans nos blessures se libère uniquement lorsque nous abandonnons nos pensées, notre rigidité et nos croyances. Lorsque nous faisons cela, nous lâchons, alors des nœuds se débloquent et nous nous libérons de l'énergie stockée pour enfin laisser passer le flux que j'appelle l'énergie de vie...

La guérison exige souvent des changements de mode de vie, d'environnement et de relations. Et là encore, cela peut être perturbant, voire effrayant pour certains d'entre nous.



Pour arriver à la guérison, il est nécessaire de compter sur vos ressources intérieures car votre âme connait votre carte routière. Si vous décidez de rester dans la victimisation, alors vous n'obtiendrez aucune guérison, car vous vous conforterez dans votre problème et dans votre rôle. N'attendez pas que l'on vous sauve, libérez-vous de cette illusion en cessant de penser que vous êtes une victime. Écoutez ce que votre corps vous dit, et laissez l'énergie de Vie vous aider à panser vos blessures qui deviennent physiques quand vous ne vous écoutez pas. Ne soyez pas pressés, car souvent, le corps et l'esprit ont besoin de temps pour s'adapter à un nouveau mode de fonctionnement. Sachez que le manque d'amour de soi est bien souvent la source principale.

L'amour nous aide à nous reconnecter à notre puissance intérieure, et c'est aussi l'amour de soi qui a le pouvoir de transformer cette énergie de vie qui circule dans nos cellules, dans notre corps, dans notre cœur. L'amour de soi est notre potentiel guérisseur !

Lâcher le passé, se libérer de tout ce qui peut être stressant comme par exemple des relations inappropriées, toxiques, sont des actions qui nous libèrent l'esprit et ont une conséquence directe sur notre physique et l'énergie circulant dans notre corps.

Les miracles guérissent et se produisent lorsque certaines personnes s'abandonnent totalement à elles-mêmes.



Quand elles arrivent au bout de leur patience, ou dirais-je même l'expression bien connue... au bout du rouleau... et oui après de longues souffrances, épuisées, elles abandonnent tout contrôle, c'est à ce moment-là que le changement se produit.

Lorsque je parle de guérison, bien évidemmen, je parle de guérison physique mais aussi de guérison émotionnelle. Je vous révèle un bout de mon chemin, je vous explique comment une guérison de l'âme se réalise lorsque l'on sort de sa zone et que l'on fait confiance à la vie mais aussi en soi. Beaucoup de personnes pensent que parce que je suis médium, tout va bien. Je suis simplement humaine avec une hypersensibilité. Les épreuves de la vie ne me sont pas épargnées, bien au contraire. Ce n'est pas parce que je souris que tout va. Je dis qu'il y a des handicaps physiques que l'on voit et d'autres qui ne sont pas perceptibles, pourtant ils sont bien là. Ils sont d'ordre émotionnel et il faut apprendre à les gérer, ce qui n'est pas toujours simple. Prendre soin de soi est donc essentiel. Prendre soin de son âme et l'honorer sont de grandes richesses pour votre évolution. Ce sont les clefs essentielles pour vivre en harmonie avec soi-même.

En ayant travaillé beaucoup sur moi, j'aimerais vous dire :

Croyez en la vie, croyez en vous, vivez les choses maintenant ! Soyez au mieux dans ce corps terrien qui vous a été prêté pour que vous jouissiez ici-bas de votre expérience de vie avant de partir pour le voyage extraordinaire.



La guérison véritable ne peut venir que de l'intérieur. Il n'y a que vous qui puissiez changer votre vie.

*« Je vous invite à remplir votre cœur de joie, à vous envelopper de douceur, à être dans la gratitude pour que votre âme puisse vous guider sur le chemin de la lumière et de la guérison. »*

Bernadette Klein

Bien des années, je me suis sentie seule, perdue, abandonnée, vide, ne sachant où me poser. J'ai déménagé de nombreuses fois, comme si changer de maison allait combler un vide et remplir quelque chose en moi. En vain, mon temple intérieur était toujours aussi vide.

Je cherchais l'amour chez l'autre, ne sachant pas qu'il était là, à l'intérieur de moi. Je ne pouvais trouver cet amour car je m'ignorais, je me détestais même par moment. Comment se choisir et s'occuper de soi lorsque que l'on n'est pas désiré, c'est très difficile. Se choisir et s'aimer est compliqué lorsqu'il n'y a pas de base, pas d'ancrage et donc pas de sécurité. Le manque de reconnaissance, de soutien m'ont fait chavirer vers un manque d'estime de moi, de confiance avec de la souffrance et de la tristesse. Ce vide intérieur m'a fait vivre dans l'espoir continuel que des regards se posent sur moi. Ne pas être en confiance, être sans cesse dans le doute, a eu pour conséquence de m'infliger une pression pour être tout le temps au top. Être gentille, plaire et réussir, être dans la perfection de tout ce que j'entreprenais me fatiguait.



Je mettais tant d'énergie dans mon travail et toujours dans la gratuité puisque je ne m'accordais pas de valeur, donc je ne pouvais faire valoir mon travail. Tout cela uniquement pour avoir de la reconnaissance, de l'admiration de la part des personnes, et bien entendu de l'amour.

Je restais effacée malgré tous mes efforts, et j'errais dans mon ombre. J'avais un tel besoin de combler ce vide et ce manque d'amour, que je me créais des amitiés, des histoires d'amour qui me détruisaient plus encore.

Tous mes besoins que je n'arrivais pas à combler, me faisaient entrer dans des colères, dans des peurs, des tristesses, dans des envies qui me tiraient vers le bas. Ne jamais montrer sa vulnérabilité. Sourire et masquer le mal-être. Je faisais semblant de ne pas avoir ce besoin d'être avec les autres, de partager avec eux, mais le besoin d'être aimée, d'être en connexion me manquaient tellement. Ma sensibilité et mes émotions me faisaient défaut.

Je ne m'aimais pas donc, je ne m'apportais aucune douceur, aucune chaleur, je me flagellais dans certaines situations. Il a fallu que j'apprenne à trouver mes sécurités, puis à m'occuper de moi, me réapproprier ma personne car je m'étais perdue, je m'étais dépersonnalisée, abandonnée dans des relations qui ne me correspondaient pas.

Solidifier mes fondations pour que mon temple intérieur soit puissant. Me reconnecter à qui j'étais et me reconnecter à mon âme. Me choisir au lieu de choisir l'autre et ne plus s'occuper de l'autre en s'oubliant. M'attribuer une valeur différente et ne plus me déprécier. Être authentique et fidèle à moi-même. Savoir dire non et ne plus laisser l'autre décider à ma place. Rencontrer l'autre sans être dépendant de l'autre. Ne plus être dépendant. Revenir toujours à soi dans ses décisions et surtout se poser les bonnes questions pour soi, pour que les choses cette fois me soient aussi profitables. Me respecter et me donner une place, ma place ! M'incarner en moi, m'incarner sur Terre. J'ai compris en prenant soin de moi, que je pouvais prendre soin de l'autre, car il n'y avait plus de besoin, mais juste un partage.

J'ai apprivoisé d'abord ce vide, j'ai appris à l'accueillir, à l'observer et à entendre ce qu'il avait à me dire. Pour le combler, il a fallu l'écouter car c'est lui qui avait toutes les réponses.

Quand il y a ce vide, il y a cette peur du silence. J'ai dû faire face à ce silence et j'ai compris que le silence est pur lorsqu'il se révèle à nous, il est porteur de secrets lorsque l'on sait l'entendre. Il est la puissance même du divin qui est en nous.

Le silence nous emmène dans l'espace de notre cœur pour y entendre murmurer les révélations de notre âme.

Le silence que l'on se donne nous permet de revenir à soi, à l'être que nous sommes et nous emmène dans nos profondeurs où se trouve notre vérité, notre essence, notre divinité. Invitez le silence en vous car sa mélodie est douce et ses notes variées. Seul le silence peut traduire un langage qui vous donne la vérité. Invitez le silence à vous rejoindre et ne soyez pas effrayé par lui, car il a tant de choses à vous apprendre. Honorez le silence par ce qu'il vous offre.

La plénitude absolue se trouve en vous lorsque vous vous connectez à ce silence. En domptant le silence, j'ai accueilli la lumière, ma lumière.

Voici un message de mon âme que je vous partage, j'espère qu'il mettra du baume sur vos blessures.

*« J'ai appris à être avec moi-même.*
*Je me suis apprivoisée.*

*J'ai appris à m'apprécier.*
*J'ai apprivoisé la solitude.*

*J'ai appris à voir le jour.*
*J'ai apprivoisé la nuit.*

*J'ai appris à vibrer.*
*J'ai apprivoisé la lumière,*
*pour ne plus avoir peur de l'ombre.*

*J'ai appris à accueillir les émotions.*
*J'ai apprivoisé la tristesse.*

*J'ai appris qui j'étais.*
*J'ai apprivoisé l'amour.*

Bernadette Klein

Nous cherchons toujours à l'extérieur ce qui est déjà en nous. Notre mission, c'est de s'aimer et de fermer la porte à ce qui nous juge, y compris notre propre jugement. L'amour de soi… est notre plus grande mission. Peu importe comment vous êtes habillés, peu importe votre milieu social, peu importe votre façon de vous exprimer, peu importe ce que vous pensez. S'aimer, c'est être en paix avec soi. Sachez que vous ne pouvez pas être parfaits.

Il est important d'être confortable avec soi pour ne pas être dérangé par l'autre. Comme cela vous pourrez toujours rester disponible pour l'autre, l'écouter et ne pas être constamment blessé, ou avoir peur d'être jugé en mettant une barrière de protection qui vous empêche d'être dans le partage. S'aimer, c'est se respecter, c'est prendre soin de soi, de son corps, de son esprit, de son cœur.

S'aimer, c'est s'accorder du temps pour soi, s'occuper de soi, se chérir, s'offrir de petits cadeaux, de toutes petites choses. S'aimer, c'est passer du temps avec soi, c'est apprendre à se connaître, et c'est aussi s'accorder la première place… Je veux dire par là, de ne pas se sacrifier pour l'autre ou de ne pas faire passer l'autre constamment avant soi.



Il est important bien sûr de tenir compte des autres, mais c'est aussi et avant tout de tenir compte de soi. N'ayez pas peur de décevoir ou de déplaire, n'ayez pas peur de vexer l'autre, arrêtez de penser que l'on ne vous aime pas.

N'ayez pas peur de dire non ! C'est important, car si vous ne le faites pas vous, vous trouverez dans des situations faites de frustrations, d'énervements, de colères envers les autres mais surtout envers vous-même ! Alors, je vous le répète, osez dire non ! Ma grand-mère me disait que l'on ne peut dire un oui, vrai et franc que si l'on sait dire non !

Ayez de la gratitude envers vous-même, soyez dans la joie avec vous-même, soyez doux et généreux avec vous-même, soyez dans l'amour avec vous-même. N'oubliez pas que vous faites équipe avec vous-même. Ne soyez pas votre ennemi mais soyez votre ami, un ami pour la vie que l'on aime, que l'on chérit et avec lequel on est bien. Alors développez et renforcez cet amour de soi. Il vous permettra de vivre un rapport à vous-même et aux autres plus équilibré, plus harmonieux. Prendre un moment quotidien pour se dire qu'on est bien avec qui on est, tel qu'on est, peut aider à s'accepter. S'aimer ne peut venir que de vous, car si vous vous aimez, vous êtes un réel soutien pour vous-même et vous ne dépendrez plus des autres. Vous débordez de générosité envers vous-même ! Lorsque vous vous aimez, vous prenez soin de vous. Vous ne chercherez plus l'amour à l'extérieur de vous, car vous trouverez le bonheur en vous !



Je vous offre ce message inspirée par mon âme…

*L'amour est l'étincelle de mon cœur.*
*L'amour est la lumière de mon âme.*
*Cette flamme nourrit l'espoir de mes rêves, éclaire mon chemin, inspire mes créations, et fait briller des étoiles dans mes yeux.*
*L'amour est présent à chaque instant.*
*L'amour est ma puissance, il guérit mes blessures et illumine mon tout.*
*L'amour universel ne possède pas, ne contrôle pas, et ne domine pas.*

*L'amour est ma liberté !*

Aimez-vous entièrement et sans effort...

Votre amour et le couple que vous formez sont une vraie inspiration.

Je vous souhaite de vous aimer, de vous accepter et de vous pardonner.

Je vous souhaite de faire grandir l'amour qui réside en vous.

Soyez dans votre cœur et faites briller votre lumière.

Votre âme en a besoin et le monde aussi !

Le pouvoir et la puissance de l'amour. Cette force qui est derrière toute chose, sans elle nous ne sommes pas grand chose. Cette mission d'âme que tout le monde cherche est d'aller à la rencontre de soi-même.

# CONCLUSION

Je suis allée plusieurs fois au collège Arthur Findlay, il y a presque 20 ans de cela et l'atmosphère était différente. Cela reste sans conteste un lieu magnifique.

La philosophie, l'état d'esprit, la religion, la spiritualité, la morale, l'éthique étaient des valeurs importantes lors de mes enseignements. Nous avons bien profité de ces belles énergies, malgré le fait qu'à cette époque existaient certaines rigidités et interdictions.



Quand mon cursus s'est terminé, il y avait comme une ambiance que l'on sentait se terminer et un vent nouveau est arrivé, qui n'était pas forcément dans l'esprit de ce qui avait été déterminé par les anciens membres de la SNU.

Maintenant, comme l'avait prédit Gordon, il s'agit plutôt de former rapidement des médiums professeurs. Avec certainement de bons enseignements mais qui parfois ne sont pas de qualité concernant leur médiumnité. Les personnes qui arrivent pensent être formées pour avoir un travail, et pour devenir un médium célèbre. Ainsi que certains enseignants.

Les étudiants cherchent désormais davantage de reconnaissance sociale.

Si j'ai un conseil à vous apporter : nul n'a vraiment besoin d'une validation d'un collège Arthur Findlay ou d'un autre humain pour vous dire ce que vous devez faire ou le chemin que vous devez emprunter dans votre vie. La reconnaissance ne se valide pas, elle s'acquiert au fil des années avec la confiance que l'on s'accorde et non une validation. L'intelligence émotionnelle est une pure merveille et elle ne s'apprend pas dans les livres. J'ai simplement envie de vous dire que parfois, il est nécessaire de prendre du recul et prendre du temps pour célébrer votre travail, vos réussites. Peu importe qu'elles soient petites ou grandes, elles sont toutes importantes. Reconnaissez ce que vous avez accompli et soyez-en fier.



Ne vous concentrez plus sur vos échecs, mais accordez plus d'intérêt à vos réussites. Honorez-vous et n'attendez rien de personne. Soyez tout simplement fier de vous. Rendez hommage à ce que vous avez accompli, et de temps en temps félicitez-vous. Ayez de la gratitude envers vous-même et envers la vie.

Souvenez-vous de la joie que vous ont procuré vos réalisations et vos réussites. Et continuez à parcourir en confiance les expériences que la vie vous propose.

Si nous connaissions toute la vérité, je pense que nous vivrions complètement différemment. Nous sommes loin d'être prêts aux merveilles de ce que le plan divin pourrait nous apporter. Il suffit d'observer le monde dans lequel nous vivons. Le comportement de l'être humain d'aujourd'hui est encore à l'âge de l'adolescence.

Malgré cela, tout est bien orchestré, le plan divin sait parfaitement ce qui est juste et bon pour nous. Nous le découvrons tout au long de notre chemin lorsque nous sommes connectés à la vie et à ce qu'elle nous propose. Suivez le sens de votre vie et faites confiance.

« Donnez du sens au sens de votre vie, soyez dans l'émerveillement de ce qu'elle vous offre. »

Et surtout, suivez votre petit voix, votre intuition.

Depuis toutes mes années de pratiques et d'expériences, je ne peux que vous conseiller de plonger au plus profond de vous-même, de plonger au coeur du soi. C'est là que se trouve l'intelligence spirituelle, l'étincelle du divin qui révèle sa magie.



Plus vous plongez à l'intérieur de vous-même, et plus vous lâchez prise et moins votre esprit conscient sera en contrôle. Souvenez-vous des moments qui vous viennent sans que votre mental ait pris le contrôle sur ces idées inspirantes, ces ressentis perçus par votre corps, votre plexus, ces vérités qui vous guident du danger, ou encore ce sentiment de déjà-vu, ou d'avoir l'impression de reconnaître un étranger. Tous vivent dans l'esprit subconscient.

C'est bien pour cela que je formule cette phrase : « Vous n'êtes pas seul », vous êtes avec vous, et au plus profond de votre subconscient, votre propre esprit travaille pour vous apporter des connaissances et des réponses à des questions importantes, des conseils, et bien évidemment de la sagesse. En ouvrant les yeux de votre cœur, lorsque vous êtes en immersion à l'intérieur de vous, l'intelligence spirituelle, divine, se révèle à vous ainsi que vos connaissances ancestrales et vos ancêtres.

L'intuition a des champs d'intelligences et une conscience au-delà des souvenirs, et des expériences. L'intuition n'a pas de limite, elle est au-delà de l'existence terrestre. Elle se présente au bon moment et elle connait parfaitement son rôle. Tout au long de ces années, dans ma vie personnelle, de médium et d'enseignante, j'ai exploré, décortiqué, analysé cette intelligence spirituelle. J'ai cherché à l'apprivoiser, à la comprendre et à la définir pour mes propres besoins et pour ceux à qui je l'enseigne.



Je vous souhaite de rayonner du fond de votre coeur pour toucher ce qu'il y a de plus beau en vous, votre partie divine.

Apprenons à écouter notre cœur
Donnons la puissance à notre âme
Osons nous laisser surprendre par cette énergie de vie qui nous accompagne
Laissons-nous guider sans rien vouloir maîtriser
Avançons en toute confiance
Soyons dans la joie et dans la découverte de ce que l'univers nous offre
Relions-nous à la Lune et le Soleil pour nous régénérer
Incarnons les énergies d'amours
Embrassons nos ombres pour les transformer et les libérer
Soyons en connexion avec nous-même et la vie
Accueillons l'abondance proposée
Gardons en nous ce feu sacré qui nous anime et nous fait vibrer
Laissons-nous guider par cette lumière intérieure
Voyageons sur ce chemin d'évolution
Célébrons notre re-naissance et notre liberté

Que la confiance nous donne des ailes pour tout simplement explorer la vie !

Merci à toutes les personnes qui m'ont accompagnée dans ce projet.
Merci à mon guide et à mon équipe spirituelle de me guider et de m'accompagner sur le chemin du soi.

Bernadette KLEIN
Médium et Spirit Artist
+33 6 10 68 93 95
www.bernadetteklein.com
bernadetteklein1@yahoo.fr
Instagram : bernadettekleinmédium
Facebook : Bernadette Klein Médium-PsychicArt
Youtube : Bernadette Klein

# TABLE DES MATIÈRES

Dépôt légal : mars 2024 - N° imprimeur : 032478098

*Imprimé en France par Présence Graphique - Monts.*